川普王朝
亮劍北京

The Trumpian Royal Court
Challenge and Turbulence

李本京 ──著

目錄 Contents

錢復院長序 011

作者自序 015

致謝 021

第一章
我有一個夢——建設美利堅帝國

第一節　擴大國土：川普的如意算盤 026

第二節　川普與馬斯克：新政府、新作為 034

第三節　世界霸主美利堅 046

第四節　定海神針與偏激爭議 050

第二章

全面勝利全新挑戰

第一節　共和黨絕殺　民主黨雪崩 …………………… 060

第二節　川普再主政　全球震盪 ……………………… 067

第三節　美式民主之第三黨 …………………………… 075

第四節　政黨鬥爭與族群分歧 ………………………… 085

第三章

華府北京「大對抗」

第一節　川普外交政策之理念及實踐 ………………… 106

第二節　「反中、反華」之「雙反」運動 …………… 118

第三節　川普與中國：鬥而不戰 ……………………… 123

第四節　拜登與中國：競爭對立 ……………………… 129

第四章

中國威脅論

第一節　恨文化：美中關係惡化之始 136

第二節　川普反中與威脅論 155

第三節　全面交鋒「類冷戰」之特性 163

第五章

「貿易戰」與破碎之兩國關係

第一節　「中國崛起」之真相 176

第二節　川普之美中貿易戰 179

第三節　「修昔底德陷阱論」，中國和平崛起 182

第四節　北京、華府：永恆糾纏之交往及對立 188

| 第六章 |

新時代台美關係：回顧與前瞻

第一節　荊棘與順暢：半世紀美台關係……………201

第二節　一中政策：TRA、八一七公報與六保證……207

第三節　白皮書與雅爾達密約：打擊國府之重拳……219

第四節　川普與台海局勢……………244

錢復院長序

　　李本京教授新著「川普王朝 亮劍北京」是一部很切合實際的著作，李教授和我結識四十年，當時我在外交部工作，主要負責美國事務，李教授是當時國內少數研究美國問題和中美關係的學者。我們每當發生重大問題時，研究設計委員會一定會邀請名學者專家來部內給我們指教。李教授是不可忽缺的參與者。他的發言中肯，言簡意賅，經常給我們許多啟發，我也曾設法延聘他來外交部工作，但是他的志趣是教書著作，因此我們始終無緣共事。

　　李教授的新著此時出版，的確是很有價值的，他在書中旁徵博引，使讀者愛不釋手。本書分兩大部份，第一部份著重「川普重返白宮後的美國新局」，是以分析此次川普選舉大獲全勝的原因以及今後可能的作法。事實上，到 2024 年 10 月下旬，沒有人敢預測川普會贏，但是投票結果他贏了，而且是大贏。

　　美國多年來實行兩黨政治，輪流執政，但是民主黨此次的失敗，一如 1951 年共和黨的挫敗，可能要相當長的時間才能再起。這次選舉顯示美國社會的不公平，原先中產階級為主，近年極富

極貧兩極端逐漸擴大，美國社會由 W 型轉為 M 型，民主黨依賴東西兩岸的知識份子和生活富裕人的選票，所謂「菁英階層」這次一敗塗地，川普則藉「要美國重行強大」（MAGA）獲得中下層人民的支持獲得勝利。

但是我們也要瞭解美國選舉是十分花錢的，沒有大財主支助是不能獲勝的，候選人需要大財主的支持。所以真正當選後極可能執行的是金主需要的政策，而不是作為候選人時所提的政策。

本書第二部份聚焦「川普再度入主白宮後的台美關係」，以及「美中爭霸所觸發的台海動盪」，並回顧探討過去八十年的中美關係。作者對美方幾個主要角色都有相當完整的介紹，這些人是拋棄了多年盟友 -- 中華民國；之所以如此，主要是美國的政策以自身的「利益」為主，並不考慮「價值」，什麼民主、人權、自由只是口號。我們做得再好，只要不合美國的利益，就會將我們棄之如遺。

川普的一位重要親信是社交媒體 X（以前叫推特 Twitter）和

電動汽車特斯拉（Tesla）的老板馬斯克（Elon Musk），影響力很大。他曾在2024年10月公開宣佈任何在綫上簽署「支援言論自由與擁槍者」的人，每週可抽出一位獲贈一百萬美元，使川普競選的聲勢一下暴漲。

和反中、恨中者不同，馬斯克對台灣的言論甚為不利。2022年10月他應金融時報訪問時說：「台海衝突不可避免，若發生衝突會導致全球的生產毛額（GDP）損失百分之三十。」他認為應該把台灣變成中國一個特別行政區。這項言論獲得大陸的讚揚。2023年9月13日在電視訪問時說：台灣是中國不可分割的一部分；台灣和中國的關係就像美國和夏威夷州的關係；而且如果武統發生，美國將很難保護台灣。

這位馬斯克在川普當選後數日就被任命籌組政府效率部（Department of Government Efficiency，DOGE），可見他在未來川普2.0政府中將扮演相當重要的角色。

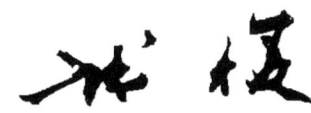

作者自序

中國崛起：美國之新挑戰與新心態

　　專欄作家強森（Paul Johnson）早在二〇一一年初之富比士（Forbes）雜誌發表專文，認為中共提升國防工業令美國人恐懼（daunting），因此之故，美國對中國的關係一定要有所保留。這一說法滿符合當年小布希總統之理念。歐巴馬則對此方向作了些較有彈性的修正。到今日之拜登及川普，想法仍是如此。知名中國通謝淑麗（Susan Shirk）更認為唯有美國採較彈性之政策，始可加強（deepen）區域間之合作。

　　再讀中國近代史，真是不勝感慨。美國商船「中國女皇號」（The Empress of China）於一七八四年即至廣州經商，然而遲至清末這十幾年才大規模地有傳教士、商人、文人等來華接觸到中國人，因此曝露於美國人面前的中國人就都像賽珍珠（Pearl Buck）所寫的大地、龍種（Good Earth, Dragon Seed）等書中那些至苦至悲的中國人。

　　美國人看中國是那麼的遙遠，看中國人是那麼的不一樣，當

然就有非我族類之感。十八世紀時，美國為了開發大西部而引進了華工。工作數年後，即一一遣返中國。相對之下，黑人雖名為奴，然而卻可留在美國。中國人被歧視之血淚史，世所罕見。降至二戰開始，美國於1942年正式宣告廢除1882年之排華法案（Chinese Exclusion Act）。按此法為美歷史上唯一的排斥外人法案。

在韓戰輸給中共後，美國更視中國為大敵。此一意識型態雖隨時間稍有所減，卻未稍消失。雖然今天冷戰不再，然而中、美雙方仍是冷熱參半，對美國而言，雖然中國崛起是莫之能禦的，然而快速崛起，勢頭過猛，確令美國坐立難安，也不易遽然接受此一事實。越戰又於1973年敗於越共手中，就此視共產主義為大敵。（是年美軍退出越南，1975年北越軍入西貢，統一越南）

在過去一百年中，美國未稍正眼看待中國，如今中國經濟實力增長，美國人在這麼短的二、三十年間就要對中國另眼相視是非常困難的。事實上也是如此，要將百餘年對華看法有所改變，確實不易。美國人由是而產生複雜心情之事實不易梳理清楚。這

也無可厚非。不過，美國目前36兆美元的公債有一大半靠外國政府幫忙解救，中國就佔了七千多億。

瑞典斯德哥爾摩國際和平研究所（Stockholm International Peace Research Institute）最近發表了一項有關美、中在過去十年之軍事預算，這統計饒富意義。以2024年為例，美國軍費預算提出下年度的目標為8952億美元；而據中國人大發布的預算報告，解放軍2024年軍費不到3000億美金。

從上列統計可以看出美國在冷戰後所支出之軍費較冷戰期間還要高，再從GDP增長之比率可知美國之軍事預算遠超過全世界各國之總合。當今各國已然凍結了核彈之發展，然而卻在傳統武器上大肆擴充。這之中當以航空母艦花費最大。美國今日建造一艘航空母艦價高一百三十億美元，還需配備巡洋艦，驅逐艦，補給艦等等大小艦隻，僅一艘驅逐艦就需二十餘億美元的建造費，而航母本身就載有五千五百個官兵，由此可以想像到要成立一個航母群是多麼昂貴的嘗試。

為了達成此一目標,歐巴馬首先改變了出兵海外之理念,在利比亞所採之軍事行動,就是一個鮮明的例子。美國不再主導此項軍事行動,不再派陸軍,也未派航母。事實上美國在過去將近一個世紀中,一直樂於作世界警察,時至今日美國有鑒於財政惡化,歐巴馬有志於走向裁減軍備,然而卻為川普所毀。另外一個引人注意的是裁減軍費勢必減少對武器之供應,這對不倒翁似的國防工業是一大挑戰。

今天美國人見到上升中國之複雜心情;一方面迫於情勢,不得不面對現實,另一方面又懍於財源不繼之窘況。況且國防工業之開銷隨著科技發展而上升,美國為彌補財政之不足,極力向友邦推銷武器,保持其世界第一大武器輸出國之地位,而也成為多國重要武器之主要來源地。

美國面對中國崛起難題,又要積極重返亞洲,中、美關係自然緊張,華府及台北之關係則不斷加強。相反之下,中美關係就相對的有了不少矛盾。誠如中國通藍普頓(David Lampton)所言:「對美國和中國來說,合作是必須的,而讓他們這樣做卻又

是極其艱難的。」藍普頓教授對兩國關係看法如此悲觀也是有道理的，這是因為美國為維持其世界霸權（Hegemony）地位必有之策略，唯其如此，才可壓制中國之上升，這也就成了雙方互相對敵之原因。

北京今日之國力崛起是停不住的。自從1840年鴉片戰爭後，中國受盡外來侵略者之壓制，今日能站立在強國之中，就有其力爭上游之動力。然而，雙雄困鬥盡皆受傷，在這樣子的一個情況中，華府與北京應互稱另一方為「雙方」，而不要用「敵方」，庶幾始得摒棄惡鬥，走向和平。

令人遺憾的是，中美關係在川普與拜登八年經營，卻是每況愈下。當今美國對中國之「反中」數據已到70%之多，世所罕見，也是不幸。而今川普重返白宮主政，美中關係卻不知何時方可走向正面之大道。

本書寫作之意即在說明美中之間缺少互信，對立日益加深。川普更以關稅戰作為互動方式，結果必致兩敗俱傷。這是人為，無關天意。

致謝

　　最後,萬分感謝前監察院長錢復博士賜贈之「推薦序」,謝謝院長對拙作之珍貴建言及鼓勵;也感謝陳冲、管中閔、丁永詳、高希均、胡為真、雷倩、伍世文、陳鎮湘、苗永慶、夏瀛洲、丁渝洲、霍守業、高華柱、李麟連、彭進明、丁原璞、丁守中、李濤、李艷秋、王亮、容繼業、藍培青、于茂生、陳興國、李永然、楊泰順等好友,以及中華戰略學會鄭禮國、劉榮傳之協助。同時,謝謝江偉碩博士幫助編輯本書之辛勞。對書法大師陳克謙賜贈之封面墨寶,在此致上謝忱;也感謝家人碧雲、書華及書捷對本書出版之支持與鼓勵。

| 第一章 |

我有一個夢──
建設美利堅帝國

　　本章旨在解說川普與馬斯克（Elon Musk）在新政府所篤行新政之縮影，明確掌握到他們二人在新政府與新改革之重點，從而對川馬主導之政治革新有所認識。

　　如今川馬二人扮演之角色，雖以行政部門為主，然而也牽涉到目前華府需要甚麼樣的改革與重生。川馬有此雄心攜手向前，不只是收拾爛攤子，而是針對花旗政府徹底改進重整，他們希望在最短期間內，以全新形態呈現在世人面前，從而讓眾人知曉川普做了哪些大計畫、大手筆來改進政府的運作，使其去腐重生，將美國行政體系帶進一個新時代環境中。這些都是相當大的挑戰！

　　大改革必然伴隨大反彈。馬斯克拿著川普授予的尚方寶劍大力施為，已在各州激起抗議聲浪。川普所創立的政府效率部（DOGE），自2025年2月起，展開大規模的裁員，

川普並稱讚DOGE發現前所未見的浪費。民主黨的藍州則要提告，要求禁止馬斯克裁員，聯邦法官判決則予以駁回。但由馬掌管DOGE，會否產生利益衝突，也已引起各方疑慮與反對聲浪。

　　另外，非法移民確實也是川普之首要燙手山芋，他在第一任期時（2017-2020）一直受移民問題所擾，卻束手無策。根據國家調查局之資料，拜登在2023年收容了數百萬難民，這一高數字引起所有美國人民注意。

第一節　擴大國土：川普的如意算盤

　　川普 2025 年元月 7 日記者會上突然作驚人宣佈，要求巴拿馬政府將運河交到美國人的手中。除此之外，還要求取得格陵蘭（Greenland）之控制權。然而格島宗主國是丹麥，而丹麥是北約創始國，不僅是美國與格島有關係，而美國與北約又有關係，這就是問題之所在。

　　除此之外，川普並且要求將加拿大併為第 51 州。還要將 Gulf of Mexico 改為 Gulf of America。換句話說，美國將強取豪奪新領土，建設為新美利亞帝國。當然北約也許會解體，從此世界定於一尊，川普王朝由此矗立。川普不費吹灰之力已將 Gulf of America 定名，事實應非如此，因為這一海灣，內含三個國家，是為美、墨及古巴。真相是僅美國有定名權，古巴及墨西哥祇能旁觀，說不上話。

巴拿馬運河爭奪戰

　　在這一串麻煩之國際問題中，最令人瞠目的是，爭奪巴拿馬運河問題。按此運河已在 1977 年由美巴二位總統簽名將控制權交還與巴拿馬。此案已釘在鐵板上，是改不了的。如今川普一聲

吼，大條來了，且看這事如何發展。

歷史上，美國共有三次出兵巴拿馬，均與強人諾瑞加（Manuel Noriega）有關。主因在於諾與販毒關係密切，第一次是在1988年4月至7月。美國第二次出兵巴拿馬是1989年12月11日，派遣1900名士兵出征巴國。美國已有11000員士兵駐守巴國。第三次出征是因為諾瑞加勢力膨脹，美方旨在一舉消滅諾氏勢力，而以保護美籍僑胞作為出兵之理由。這是第三次出兵，日期1989年12月21日。

美國最後終於抓捕到諾瑞加。當其尚為巴國少年軍官時，曾因表現優秀，為巴國政府選中來台參與「遠鵬班」，受短期訓練。其後則染上毒品，並為毒販，而從總統成了毒販，最終死在獄中，實為一大國際憾事。

然而，美國強力表態要取得運河控制權，自然引起全世界反對，即使美國是世界霸主（Hegemony）也不宜如此不講道理。川普作此要求，世界都在看，如果此事不成功，必將傷害到他的聲譽，也將影響到他更進一步之政治前途，是以他極有可能等待適當時機再予巴國重量壓制，一個最新的發展是，李嘉誠將包括巴拿馬運河在內的全球23個國家、43個港口權益，以242.1億美元

出售給美國最大的私募基金公司貝萊德。

川普常予對手以極度重量之壓制，以作為與對方談判時有周旋餘地之籌碼，他對佔有巴拿馬一事祇是待機而動，不會放棄的。巴國總統何塞·勞爾·穆利諾（Jose Raul Mulino）一再重申，運河之收入是巴拿馬重要經濟來源，巴拿馬不可能由北京來控制這條世界性之重要運河。

義大利主流報紙「冕郵報」指出，川普在製造世界混亂，而評斷川普身為世界領袖，却有佔領他國領土之意圖，實屬非是。無端製造新聞，是不可取的。如今巴拿馬總統已提出溫和之要求，希望擴大與美合作，製造良好之國際合作氣氛。總而言之，世界各大報對川普強取他國領土是不同意的。

佔領格陵蘭島

格陵蘭是當今最大之島嶼，目前屬丹麥之半自治領土，因此也是北約成員，並於 2023 年派駐北約特使。川普之思量恐不易實現，因為根據北約第五條，軍事力量及於該島，就等於加諸於丹麥，而丹麥為北約創始國之一。川普此一夢想雖難以成真，然而川普的確有此意，對北約盟友而言，這就是威脅。

川普絕非省油的燈。他聲稱如果丹麥反對，則必將加重丹麥物種入境美國市場課以重稅。就目前世局以觀，課重稅就是華府當今之一枚核彈，任一國家均極力閃避，以免真的受美國在海關重稅賦相待。奪取格陵蘭島是其達到目的重點之一，不會望之怯步，必予丹麥最大壓制，以遂其夢想。

　　丹麥政府面臨此一威脅，沒有害怕，已準備提高國防預算，看起來像真的要一較短長，究竟如何演變，目前不好說，世人端看川普之反應，以衡量他是否是玩真的。

　　在歷史上美國政治領袖曾成功地以低價購得大面積之土地，號稱「世紀大賤價」之成功運作。其一是1803傑佛遜總統（Thomas Jefferson）買到路易斯安納（Louisiana）州，將當時美國領土增加了一倍，到1867年國務卿西華德（William Seward）也以「跳樓價」買到阿拉斯加（Alaska，720萬美金）。時至今日，國際情勢已然一變再變，歷史不會重演，要在國際間買他國領土，是一件夢中話語，不可當真。然而川普却要一試，這關係到他是否可名利雙收地買到格島。如果川普美夢成真，這將是本世紀最大的國際買賣。

　　川普樂觀地認為這一「世紀交易」（deal of the century）將

| 第一章 | 我有一個夢——建設美利堅帝國

永垂世間。若真以美金來度量該島之價值，約為 30 億美金。該島現有居民 56000 人，其生產力不足所需。當地住民受僱於該島政府，丹麥負責半數政府開銷（約 5 億美金），然而該島却富有稀土（僅次於中國），海邊石油儲藏量亦極為豐富。

這一大島真是一個寶島，不但有豐富藏量之石油、稀土以及海岸軍事駐點，果然就被川普看上，為人所重視之點，就是此島地處戰略要地，為交通要道，也就成為地緣政治爭取之目標。在這許多因素下，美國是不會輕易放棄掠取此島之奢想，這島將是未來三、五年之國際爭奪重點，川普勢必盡全力獲得此島之治權。如是則川普當如願以償繼續坐上第三任之寶座，為美國歷史寫新頁。

丹麥政府對美國此一野心甚為緊張。就軍事而言，美國與丹麥不是一個階級相同的國家。純以軍事力量來比，是沒法比較的。丹麥也知此事嚴重，不可不防。丹麥國王為防止美國之入侵格陵蘭，乃作了不少工作，以團結民眾宣示其保衛格島之決心。事實上，川普早在第一任期時即表示要控制格島，時至今日，未忘初心，一定想要得到格島。這是川普的終生理想，依其個性，不拿到格島是不會停手的。

丹麥王室對此甚是緊張，在川普二次登基後即作了些準備，

其中之一項就是改進王室紋章之構圖，刻意放大了王室紋章，將代表王室之北極熊及公羊之圖像放大，強調王室之衛護格島是不會改變的；並且一再強調，丹麥本土與格島是一體的，不可能予以分離。

川普2024年大選期間再一次重覆所言「取得格陵蘭島」，由於丹麥屬北約一份子，任何侵犯丹麥或格島就會發生與北約衝突之情況，此事大條，難道北約會與美國動真刀真鎗嗎？問題是川普既然誇下海口要取得格島，若失敗，川普之第三任當然祇是作夢，一場惡夢耳。

令人感到十分詫異的是小川普的格島之行。他在2025年元月七日至格陵蘭作一日之遊（私人訪問），重點是他在該島上作了這樣的宣示，「……當它成為我們國家的一部分，……會讓該島再度偉大」。事實上，川普對格陵蘭島遠在其首任總統時（2017-2021），就曾這樣提到該島，表明樂意購買；他又在2024年公開宣稱「美國對格陵蘭的所有權和控制權是絕對必要的」。由此可知，川普欲奪得該島之心，遠在其參選第二次總統時即有此意了。丹麥國王則在2025新年演說中特別提到「全體國人都效忠丹麥，……一直到格陵蘭」。丹麥政府及國人是不會就此將該島讓與美國的。

加拿大為美之第五十一州？

　　川普當前夢想就是成為美國建國者，其中最重要的一塊就是置加拿大為美之第五十一州。根據川普創意，合併加國是為了避免加拿大未來經濟崩潰。事實上，當前加國經濟已面臨崩解。川普並且極為不禮貌的聲稱加拿大多數人民希望與美合併，觀諸加國當前政局正走向抵制川普之夢想。不過川普已然發動併加大業，則加國政治前途面臨危急。

　　當這一驚天新聞飛至加拿大後，加國人立馬大怒，愛國之心將加拿大團結一致，鎗口不約而同指向老美，立即廢除所有日曆上之美國國定紀念日，民意調查亦顯示至少有 90% 之加拿大人反對川普此一壞主意。令人詫異的是，一般加拿大人多認為美國之民主黨慘敗，沒希望了，民意調查（CBS）結果，也認為美國民主黨在下次大選時可以翻身者是為少數。既或如此，在川普野心大起欲強加重稅之下，已令致加國經濟瀕臨崩潰。

　　不過，這一如意算盤恐不易實現，因為加拿大獨立自有好康，例如：加人皆有全民保險，美國則是世界強國中少有無健保之地。因此之故，加人不會一受施壓就投降的。

就政治面而言,加拿大流年不利,國運與總理杜魯道不合,他也已去職,換來新總理,未來上下會一致努力,將已至懸崖邊之加國拉了回去,加拿大不會就這樣被川普吃定的。截至2025年三月,加拿大人民豪無懼意,也許川普錯估了加人,以為他們樂意當美國人。事實是相反,反美之聲音日漸高昇,任何人都想不到,竟還有人不想當美國人,經過確實觀察（reality check）,加拿大人是有抵抗力的。

殘酷的真相（the brutal truth）終於上了檯面,川普強併加拿大恐需大大努力才行。人緣落敗多時之總理杜魯道瞬間又活了起來,繼任的新總理卡尼（Mark Carney）目前正與川普作決死之戰（fatal confrontation）,加人反對之激烈超過川普所想像。

川普的這一場美夢是否得以實現,在未來兩年當中可能看到結果,這是因為川普所以瘋狂使勁欲達到目的的重點,在於四年後之大選得以再拚勝一場（須先越過憲法障礙門檻）。當前川普之內政外交均是指向這一目標,他也曾在2025年元月中有意或無意非正式的表示出,他有意在下一次大選中再度出馬。而奪得巴拿馬運河等目標,當是其下次大選成功之保證。川普勢將努力萬分地使其實現,以完成他的一頁美夢。

川普與馬斯克：新政府、新作為

　　原則上，這是川普的新政府，然而由於馬斯克（Elon Musk）的加入，立即使得這一全新的政府有著兩人共同的語調及步伐。這在美國近代史上從未出現過，確是大事一件，值得一提。這也是川普第二次掌著星條旗，意義非凡。他在2024大選年以極大比例贏得大選，自此他順理成章地成為一人掌權，「川普王朝」正式登場。上自最高法院，中至兩院，側至五十州州長名額，均是共和黨領先，川普責任極重。也就是在此環境下，他立意革新政府缺失，從理念到作為均有所改變，他需要一個助手，幫他除舊佈新，去除既有惡習陋規。川普找到的這位助手就是馬斯克。

　　馬斯克雖年輕，然而却在科技、管理方面經驗豐富，再加上他勇於任事之個性，這一最佳拍檔由而產生，自從新政府2025年1月20日接事後，在短短不到三個月，就將政府行政部門翻了一個身，他們的合作揭開甚多政府腐敗無能之事證，居然查到USAID有巨型吃空缺之腐敗事蹟，包括200歲以上人瑞，甚至還有300多歲的「老」人，持續地領取美鈔，這祇是一個例子，然而已說明此年輕國家却有如許之多的毛病。

川普與馬斯克對美國之貢獻即在清洗多年造成之貪腐醜聞，他們二人合作無間，將行政單位一一仔細審視，去除腐敗之既往慣例，築建一個年輕有為之新政府，這一對最佳拍擋還持續地改進行政部門，成為大有為政府。

　　據新聞周刊（Newsweek）報導，川普總統二度執政上台屆滿二個月，根據經濟學人（The Economist）與 YouGov 民調機構公布的最新聯合民調，川普施政滿意度超過 50%，不滿意 45%；如果與川普第一任期上台第一個月民調相比，淨支持率（net approval rating）如今出現進步。足見川馬聯手推動新政，雖然引爆爭議，但多數民意是支持的。然而川之民調開始走下坡，至 2025 年四月時，已降到 55% 之下。

「美國仍在成長中」

　　「美國仍在成長中！」這句話就是川普說的，含意即在「成長」二字，也就是說美國今日不祇有這麼大，應該還在繼續增長（growing nation），這就是美國「天賦使命」（Manifest Destiny）的運作。事實上，美國第 25 屆總統麥金萊（William Mckinley, 1897~1901 在位）對於上天贈與新的領土有這樣一番話，（按美與西班牙在 1900 年決戰大勝，成為殖民國家，收菲律賓

為殖民地）「我並不要菲律賓，然而當它來到，我祇好當作上天的禮物收了，我真不知該怎麼辦」。事實上，美國從1900年戰勝西班牙後已是世界強國，對麥金萊總統而言，他雖聲稱「不知應該怎麼辦」（I did not know what to do with them），也就「祇好」成為一個「尚在成長的」殖民國家了（a growing nation）。

作為麥氏之後人，當然要持續想方設法地繼續擴大版圖，以完成如麥金萊之「國家成長說」，取得巴拿馬運河控制權就是川普今日第一號工作藍圖。當然還要併吞加拿大、取得格陵蘭等大計劃也需實現，如此這般，川普就會令人眼睛一亮，擴大國土成為一個貨真價實之成長中國家。最後還必須加上巴拿馬運河。

另外一個壯大版圖之好處更是令人驚嘆，其中有一例足以說明之，這就是在麥金萊成功得到菲律賓後，就有J.P. Morgan（摩根大通銀行）捐助美金25萬元（1896年），另外捐助政府之同額巨款者還有Standard Oil（標準石油公司）。其價值約合今日之二千萬美金。一時之間，各界為慶祝美國登上殖民主義國家寶座而狂喜不已。

對川普而言，如果能在國土上有所增加，則美國就是一個「金色年代」（Gilded Age），也有助他實現美夢——再選第三任總統。

川普當前的國策就是實施美國多年信奉之擴張主義（Expansionist Doctrine），例如1894年連矇帶騙的得到夏威夷，多年後才等到雷根總統說道歉。

川普的改革巨斧

這一新任期的川普，甚至在2025年元月20日正式接掌白宮之前，已然對著拜登舊制砍了好幾刀，一時之間但見馬斯克之急行軍，抓貪打污雷厲風行，這就是川政府之一大特質。事實上川普這樣作是有原因的，那就是拜登在過去四年中不斷開支票，國庫欠帳高達36兆美金，任何一個政府官員都知道國債問題不能再惡化了，拜登留下一個爛攤子由川普來拯救，川普不立馬祭出法條清除惡習，也是別無他法，沒有任何人能拯救川普。

川普上任之後最先發難的固有政策，就是抓捕非法移民。拜登這四年當政增加350-550萬之多的非法移民。如今的川普政策就是要將這些非法者驅離國境。在嚴厲政策下，非法移民已被視作必逮捕之對象，這其中有不少來自大陸之非法份子，最終遭到逮捕押回中國，有些並送往惡名滿天下之關塔那摩灣港（Guantanamo Bay）去坐監，最終仍需遣返中國。在川普積極努力下，當前已能控制整體移民局面。

另外一項為人樂道（亦有不少人反對），即是對庸員之裁撤。最令人注意的是川普大刀一揮將「國際開發總署」（USA Agency for International Aid）給活生生取消，歸併至國務院，由國務卿負責管理。此單位成立至今已有 60 餘年，養了不少「特殊員工」，對台灣某些組織資助，旨在援助具有政治背景之社團，這些團體在選舉時就會有所「表現」。這類狀況已為川普查得一清二楚，終於作一了斷，在馬斯克口中，這就是一處「犯罪場所」。

川普對某些工作不力，效用不彰之機構也予以「關門」裁撤，教育部就是一例。其緣由在於各州各自負責教育政策之實施，另有一原因就是該部濫用 DEI（多元、公平、相容），川普認為這些政策就是癌症，教育部未能阻斷 DEI 之實施，為杜絕此一劣政，必須將教育部關掉。事實是這並不是川之獨想，在過去就有人認為教育部之設置是多餘的。

由於拜登四年執政，瘋狂地增加軍費，再不控制，就有年軍費達到一兆之多的可能，未來在川普支持下，不可能減少軍費。歐巴馬在任上就在減少軍費，然而拜登執政後，則逐年大幅度增加到接近軍費 1 兆之奇境。川普並建議與北京共襄盛舉，一次「對半砍」，但北京未回應。

美國的外交政策在川普領導下有了突變，例如新政府不再以世界領袖自居，最大的一項突破就是退出某幾項國際組織，例如聯合國人權理事會等。這表示美國自行解散了華府自冷戰時期即構築之「世界秩序」（World Order）。就這一點來看，美國好像是在解除美式世界秩序之重擔。關鍵就在於川普認為美國的盟友是在沾美國的光，揩美國的油，美式全球化走向解散之方向。然而卻仍然持有干涉國際事務之權利，這就是今日國際政治之新貌。

今年最重要的國際政治發展就是美俄關係大翻身，這是自從中美在1972年簽下「上海公報」、建構「聯中抗俄」政策後之一大改變。今日中俄就已達到「盟友」關係之程度。在這一重大國際政治新走向產生後，隨之而來的是「北約」有無未來？簡單一點說，就是北約與美國關係將如何⋯當年北約成立就是為了抵抗俄國，而今美俄關係有變，使得北約存在與否，就成為一大哉問。

美中應否持續拜登「對抗」政策？反中情緒在拜登煽風添火四年後，美中雙方關係降到冰點。美中關係將走向正面或是負面，令人好奇。根據當前情勢以觀，中俄友好關係將持續存在，然而美俄又是哥倆好，合理的預測就是三方敵意將減少，既或走不到

| 第一章 | 我有一個夢——建設美利堅帝國

〈039〉

三兄弟之地步，可也不至於留下中美僅有惡鬥的場面。

川普一直自誇與習近平有好交情，也多次稱讚習之為人風格，假如雙方有意走向正途，則有可能解除緊張貿易關係，讓雙方都能作好生意，才是未來中美雙方共同努力之方向。

川式移民問題解決之道

非法移民確實是川普再登基遇到之首要燙手山竽，這也是他在第一任時（2017-2021）之超級大問題。根據國家調查局之資料，美國在 2023 年收容了 280 萬難民，這一高數字引起所有美國人民注意。而這一現象也很自然地成為他登基後首要解決之難題。

移民問題就是川氏王朝來到人間之第一大事，據非正式統計，在拜登任滿下台時，美國之非法移民可能有三、五百萬，面對此大數目，川普對非法移民手段就是重刑伺候，遣返回國就是川普之最有效之方式。是以川式移民解決辦法就是以嚴格方式進行，他無懼反對者將移民遣送案件訴諸於法，其結果是自川普登基後，遣送非法移民動作可謂史上第一嚴。既或傷害到人權，川普亦不顧，其目的就是將過去民主黨執政時之濫好人政策種下的大麻煩徹底剷除。這就是川普上任之第一件大事。

最佳拍檔：去腐迎新之力

　　2024年12月9日之時代週刊刊出一篇由知名政論家休斯特（Simon Shuster, Time PP. 37-42）之大作「造王者，馬斯克與川普之搭檔關係」。文中細說為何馬斯克是推動川普登上大位之推手。人們直覺地感到馬斯克因陪同川普一起走向「人治」的「白宮政治」舞台，也堅信馬斯克應輔助川普開創新觀念，陪同川普為美國繁榮有所貢獻，馬斯克遂有「造王者」之稱號。這是一個負擔，也是責任，美國人民正拭目以待，等著看結果。

　　馬斯克沒有政治背景，他是一個有科技專長之企業家。從一個窮書生成為坐擁4千多億美元之企業家，其成功的背景令人好奇，也不由得佩服他的努力奮鬥。馬斯克與川普的關係為人所好奇，事實上他與川相識僅起自2024年。在這一年的7月13日，川普遭鎗手射傷耳際，也就因這一天的大消息，引起馬斯克對川普之注意。

　　他主動與川連絡，並在這一天於媒體上宣佈支持川普。由政治活動而相交相識，成了一對「談得來」之好友，這也就奠定了二人相互合作之基礎。在川馬交談中有一項議題受到他倆之重視，就是「如何追求政府高效率」，因而有了成立一個部門以

達到推動公務改進之途徑。他們均認為應成立「政府效率部」（Department of Government Efficiency）以推動實踐此一想法，川普果然在組織政府時，就賦予馬斯克為此部門共同主席之職，馬也由是成為政府要員。

馬斯克到底是怎樣一個人，他為何在2024年7月以後全力助川大選。傳說他資助選舉經費高達二億美元，問題是他為何如此有錢？答案是他今日已是全美最有錢之人，其企業有X-COM（人工智慧網路）、Space X、Tesla等，他也是以矽谷企業主組成社團（Pay Pal）帶頭人之一（此會社成員多為矽谷重要企業主）。

馬斯克除了是位賺錢能手外，也是一位國際政治評論者。例如他遠在2022年10月8日即倡言將台灣設置成特別行政區，他那時對中美關係並無特別意見，然而他却有了設定一套成立此「特別行政區」之想法。

馬斯克絕頂聰明，他是一個工程師，也是一個企業家。如今搞政治，也是風生水起，天下俱知，掀起美國政壇一波又一波的浪濤。若非川普是一個超級容忍者，否則他豈能帶著小兒子X直衝白宮總統辦公室，這是史上從未有過之事。

馬斯克就是這樣一個人，他以一介平民立志要「到太空去」。用「自家電訊網（X），還有"基因工程"」，也在發現「再生能源」方面有所成就。他是一個工程師，一個太空探險家⋯。自2025年元月後，他又是川普團隊重要大將。令人感興趣的是，他還有一個天賦能力，就是專門抓捕重量級貪官污吏。

事實是，在馬斯克領導揭弊打貪工作之下，人們才領悟到這龐大無比之山姆大廈，其實是一棟犯罪者藏身的堡壘。他立馬拆了 Voice of America、USAID 等重量級衙門，這是歷史上第一次查到政府中無良部門。正確地推論「怎樣才可能作到」，而不是去想「作不到」，他好像感到有一股力量在推動他勇往直前。然而，馬斯克在 2025 年三月時，已面臨失業群眾之強力反對。

川普就職百日：重大缺失總檢討

川普登基已然百日，未見政績，卻看到不少的問題，負面評論日有增加。據蓋洛普(Gallup)公佈之一項有關川普之民調，發現與前任諸位總統 (70 年來) 相較，川之成績最差，僅列名於後。第一位是老布希總統，他的支持比例是 56%，柯林頓為 55%，小布希 62%，歐巴馬 65%，拜登 57%，川普 41%(福斯民調為 44%)。由此可看出，川普在其第一次及第二次任總統時，支持率

都是最低者。他之所以如此不爭氣的列名最後，是一個事實，也是一個警訊。

川普人望變得如此之低，是有原因的，主要是他的治國之道出了問題。他一直深信自己有天賦神功，那就是「即時」(instinctive)。也就是說，他做某一政策時，是靠「即時靈感」。這種政策決定缺少深思，當然就沒有熟慮，有的只是些考慮不週之決定，這是川式王朝官場中常發生之情境。其結果是他經常依「即時」而做決策，到頭來就出了狀況。例如他在一開始時，下令取消所有已獲就學許可之大專學生簽證，然而卻在 2025 年 4 月底，突然宣布予所有已有簽證學生就學之權。這一個例子就足以證明，川普經常宣布一個政策，未幾竟去之或改之，充分顯示出他的政策是非常不穩定的。

川普另一個重大缺失，就是誤以為貿易戰可以予美國大眾以致富，結果正好相反，不但造成萬物齊漲，通膨又來了。上一次拜登無力壓制通膨，導致失了白宮寶座，今日川普若無力解決通膨，勢必付出代價。加以川普致力貿易戰，殊不知美國人民卻承受此一錯誤策略之懲罰。2026 年 11 月的「期中選舉」，美國選民恐將為此算總帳。

此外，川普之抓捕非法移民常用極強烈手法，實有違人道。美國人一天到晚高唱人道主義，卻在處罰非法移民時忘了人道之手段及心態。川普之首百日是失敗的，是有嚴重問題的。必須警惕的是，其第二個及第三個百日，必須展現符合民意之政績，才能再度贏回支持。

值得一提的是，川普與馬斯克之搭檔，似乎已告結束。只不過，一個人繼續當總統，另一個還是做他的超級大富翁。

第三節　世界霸主美利堅

　　拿破崙有一名言留傳至今為人樂道，此即「凡事為救國，就不會違法」（He who saves his country not violate any law）。川普就引用此一名言，也深信此一說法。就因為川普有意學習拿破崙，而認真地在有樣學樣，照樣而行。這就是當今川霸權政府基礎所在（Hegemony）。

　　川普在 2025 年元月 20 日下令馬斯克率領十數年輕人（均無聯邦政府工作憑證），走進聯邦政府大樓，命令員工自即日起凍結「國際開發總署」（US Agency for International Development, USAID）之存款。此一機構成立已有 64 年，年度經費高達美金 350 億，被下令關門改附在國務院，由國務卿暫兼署長，工作人員僅剩數百人。其原因在於此單位是一個專作「側翼」的國際工作，甚至台北方面也有甚多號稱 NGO（國際民間組織）有接受經援。這些團體與台北某政黨有直接關係，由此可知 USAID 之工作並不是完全公開的。另外如美國之音（Voice of America）也遭關門。

　　川普與馬斯克一輪速戰舊官僚制度，其出發點是正確的。例如在拜登濫開支票與以色列及烏克蘭二政府，美國國家赤字直指

36兆美金，而其每年付利息更是驚人。川普政府盡力堵住這一資金短缺之災難，要在這一任減少一兆美金債務。要追求這一目標祇好以前所未有之硬式作風回應。而這就是當今政府與民眾間之矛盾所在。

馬斯克身先士卒為國家冒風險，却也引來不少負面評價，尤其以自由派為主，也就是以民主黨為主幹，因為人們看到今日之大爛攤子，就是民主黨留下的。然而在川普與馬斯克雷厲風行之下，遭到不少當代公職反對。川馬二人之風潮引起議論，或認為這一輪強勢改革之過程是有差錯的。

一個嚴重的指控是，新政府在外交上執行了孤立主義，對歐盟冷淡，並且退出好幾個重要國際組織，例如WHO、WTO、聯合國人權理事會等。評論者咸認為美國不應自行放棄世界領導地位，事實是美國今日之外交政策也不是典型之孤立主義，因為他雖未直接正式介入世界所有事務，然而仍有領導之氣勢。例如川普並未如拜登般與北約盟友常相聚，然而北約之一言一行均在川普掌握中。

川普也主動放棄法辦紐約市市長亞當士（Eric Adams）之貪污罪，因為亞當士為「非裔」。川普這樣作是為了討非裔的好，

都是為了他日之選舉。

另外，川普在國際事務上不聲不響地丟下一個大炮竹，與俄修好就是一例。尼克森在 1972 年與周恩來簽訂「上海公報」建立了「聯中政策」，季辛吉並多次聲稱，美國要能稱霸世界必須防止「中俄聯盟」。今日川與俄交好，改變了當代國際政治之基礎。

川普在澤倫斯基訪問白宮時（2025/2/27）頗為失態，明言澤倫斯基已沒有牌了，美烏聯手一事將備嘗考驗。情況變得如此悲觀，主要是雙方在白宮總統辦公室中發生爭吵，這在白宮是稀少之事，白宮之會不如不見，未來如何，無人得知，唯一肯定的是美烏關係將再為修補。這是美烏今日關係之寫照。俄烏衝突也引來一個問題，那就是「代理人戰爭」（Proxy War）有何價值？

離開烏克蘭半個地球則是巴勒斯坦（Palestinians Area），川普曾一度打算由女婿出面整頓該處作為觀光勝地。這一發橫財之說法為人所不齒，認為這是在斷絕巴勒斯坦之生路。川普知道這一壞主意將誤了大事，乃放棄發財論。

川普登基後給予世人第一個印像就是大動作太多了，首先要提的就是退出國際社群，其重點在有效控制國際性社團。純因為時代在變，而無力於某國際社團，就棄而他去。他的這種行止，

落在一些重要社團中，WHO 就是一例。由於川普與 WHO 對世衛問題各有所見，一氣退出，這就是川之素行。重點是美雖不是 WHO 之會員，然而却仍執世界衛生界之牛耳，這就是當今川式行為之模式（Trumpian model），執牛耳却無牛群。

另有一例說明川普在重大外交活動上之獨立性，甚少受到他國之影響。鮮明的例子就是與俄修好，由此可知川普在外交上悉以個人意志為先，國務卿、國安顧問僅為備詢者，外交事務還是川普說了算，國務卿等朝廷大臣所言備供參考。美外交界人士可以備詢，而非制訂者。就以國務卿盧比歐（Marco Rubio）為例，他可能就是近世紀權力最單薄之外交界領頭羊。當川普與他國領袖底定世界大局時，他的命令不需國務卿襄助。其結論是，當前川普掌國政，重大事件均由川負責，其臣子職務僅是從命耳。

在這樣子的一個人文素養中，美國在當今之國際系統中雖不再主持，却仍是世界第一大國。自從美國在 1941 年珍珠港事變後，從事兩洋作戰擔任自由世界領袖始，無疑問的已是世界霸主（Hegemony），從 1941 年至 2041，美國在世上就是「大哥」（或稱作霸主），這一責任得來不易，也使得美國安座百年之世界盟主。既或間有小小風波影響到美國施力程度，然而美國之於世界仍依霸權地位出世，執行其世紀稱霸之宏願。

| 第一章 | 我有一個夢——建設美利堅帝國

第四節　定海神針與偏激爭議

馬斯克是當今媒體紅人。時代雜誌在國內版 2024 年 12 月 9 日之刊物上就有一長篇（pp. 37-42）描述。這篇專文之作者為 Simon Schuster，文章題目為「造王者」（The King Maker），副題為「川普之搭檔」（Elon Musk's Partnership with the President-elect）。

這是一篇不似來自近年出版的「時代」。因為這本雜誌近十年來已從保守中立逐漸走向中立左傾。然而還不似「新聞週刊」（Newsweek）那般左。今日之「時代」的確即時的改變了風向，回到中立保守的地位，不特此也，「時代」在不久前於紐約證交所大廳，推出以川普巨大肖像為主題之發表會（令人感到這份刊物改變得真快）。

馬斯克突然成為川普最親近之戰友，他們倆共同努力狂贏大選，馬斯克也順理成章的成為川普總統之近臣。更貼近事實的描繪則是一人之下的重臣。他反對川普早先驅趕留美程序不完備者離境，不同於川普身邊超級頑固狂熱派如納瓦羅（Peter Navarro）等人，這就說明馬斯克之影響力是一等一的。也就是說，

他的建言是管用的。他不僅是一個近臣，也是頭號參謀，或者說他就是川普之分身。問題是這種情形會長久嗎？此為大哉問，沒有答案。

「造王者」

從川普與馬斯克二人在公開場合之景像，可知川普並未將馬斯克當作部下，而似膩友。可作為證明的是，馬斯克帶著寶貝兒子到處跑，好像這天下就是他的。然而種種跡象可看出他們二人不但夠交情，也酷似雙胞胎，也許人們注意到馬斯克之特點多樣化，其中最令人注意的是他的運氣，若無運氣，實在很難相信一個凡夫俗子得經營九家一等一的企業。按照通俗之看法，他的第十家企業可能不久即將問世。我人不必過分重視他擁有幾家公司，而是要探討他有何秘方、有此能力得到這九家公司。更令人好奇的是，他有何分身可以管理這九家超級大企業。更不要說他有何仙方秘帖，可以同時間內統領這麼多員工。令人感興趣的「時代」老闆之一的 Marc 及 Lynne Benioff，亦為馬斯克某公司之投資者，面對無數的記者來訪，他的做法就是談談可以，對記者的問題多不回答。

這次大選給予馬斯克一個機會來展示他的公司管理方式。大

選時他負責輔導某些地區之選務工作，表現他的統合能力。人們在了解他的理想及工作態度後，就必須承認他是一個標準執行者。他的財富均為個人工作之報酬，沒有接收遺產等，可以說他的工作能力是成功之基礎。

自由派民主黨要員之一的桑德斯（Bernie Sanders）即對馬斯克讚譽有加，認為他是一個勤奮「努力且有能力之生意人，令人印象深刻」（aggressive and able person）。他是一個有創意、有理想的人，這就是他成功的原動力。

他一直認為政府就在浪費錢，他的宏願就是如何去除浪費，減少政府開支，做到雷根所說「政府的困擾都是自找的」。民主黨政策就是大政府，是一個不符時代之思想，唯有小政府才可富國富民。馬斯克就有這樣的抱負，是川普有福氣才有這樣的一個好搭檔。

當今美國社會充滿反中之氣氛，馬斯克的最大汽車廠就在上海，他目擊中國工人之努力與認真工作的態度，就為他們說話，稱讚這些工作勤奮的人是值得信賴的。在華府一片反中聲浪中，馬斯克是一個說理的企業領袖，對世事當有最客觀之看法，而這也就是當前美中關係中的定海神針。未來馬斯克如何建議川普將

美中關係導入正途，也正受到各界矚目。

反中第一名

川普2024年12月4日宣佈彼得・納瓦羅將擔任新政府的「貿易與製造業高級顧問」，負責推進和傳達川普的製造業、關稅、貿易議程。納瓦羅在對華貿易政策上一向持強硬態度。他反中的強勢表現，像川之大棒鎚，不像一個學者，在川普面前就是一個獻媚者。

川普團隊在聲明中說：「在我的第一個任期內，幾乎沒有人比彼得更有效或更堅定地執行我的兩項神聖原則 -- 購買美國貨，僱用美國人。他幫助我就北美自由貿易協定（NAFTA）和韓美自由貿易協定等不公平貿易協定進行了重新談判，並快速推進我的每一項關稅和貿易行動。」不幸的是，納瓦羅正是一個少見的偏激及爭議者。

納瓦羅是川普貿易政策的堅定支持者。他主張擴大美國製造業規模、提高關稅、促進全球供應鏈回流、減少美國貿易逆差。他反對跨太平洋夥伴關係（TPP）和北美自由貿易協定等多邊貿易協定。

遠在 2018 年，喬治梅森大學（George Mason University）教授柯溫（Tyler Cowen）即公開宣稱納瓦羅是一個「攪和者」（a polemic）。柯的這一句話就刊載在「華爾街日報」（WSJ）2018 年 3 月 8 日該報，描寫納氏入木三分。

納瓦羅在華府圈內（Beltway Politics）是一個極端主義者，也是以忠心護川、毫無學者尊嚴的一個投機主義者。他與川普就似主僕關係，為了護川，他公開與同僚波頓（John Bolton）爭辯，這是因為川普對波有意見，最終並對波頓炒了魷魚，時在 2019 年 9 月（按波頓曾為川普之國安顧問）。

納瓦羅曾連續出版了三本對川歌功頌德之書，其第一本出版於 2021 年之「川普時代」（Trump Time），最重要的是第二本：「奪回川普之美國」（Taking Back Trump's America），這本書出版於 2022。本書主旨在探討兩件大事，其一，川普為何兵敗 2020 年，其二部份則在研討如何於 2024 勝選，最重要的重點所在，即是未來川普重登大位後，如何製作昇官圖。按照納瓦羅之理想，就是由他來當財政部長，或其它有關貿易之重臣（詳見波頓回憶錄之第 9 頁，20 頁，51 頁等）。這本書表面上看來是為川普拉票，實際是在提醒川普，成事後切勿忘記他這位忠臣。

納瓦羅在本書之第四章強力聲稱川普登基後一定與中國一戰（The Coming China War Gets My Trump Ball Rolling）。事實是納瓦羅是川普陣營反中第一名，他在衰中、反中、抗中、仇中戰線上均是領頭者。他第三本書的書名則是「The New MAGA Deal」。

2018年6月11日之「紐約時報」（New York Times）刊出一行舉出震驚的標題：「加拿大總理杜魯道該下地獄」（…A Special Place in Hell for Trudeau），是誰敢這樣言及一國領袖？答案是，納瓦羅，一個川普總統之重要顧問，這不是他第一次對著世界領袖亂放炮，他並且以一生之志與中國為敵，是一個百分之百反中份子。納瓦羅之長才之一就是寫作，因此他就寫了反中之書籍文章。他最早是衰中，共唱此調者就是華裔章家敦（Gordon Chang），二人志趣相同而合作。

出書反中，共唱中國必衰論，是較早時期反中者，雖然不遺餘力衰中，然而中國並未見衰。納也曾與Greg Autry合寫過一本詆毀中國之書──「致命中國，中共赤龍對人類社會之危害」（Death by China，Confronting the Dragon：A Call to Action）。總體而言，他是一個偏激一百之求官者。

|第一章|我有一個夢──建設美利堅帝國

號稱「外貿戰鷹」的納瓦羅，也曾在 2016 年七月來台，並與綠營人物密談，同年 12 月，即被川普任命為白宮貿易委員會主席。他在訪台後發表「美國不可放棄台灣」一文，倡言美國將全面承諾助台強化防禦能力，幫助台灣防禦能力現代化。

| 第二章 |

全面勝利
全新挑戰

摘要

　　2024 年大選之結論，就是川普不僅贏了大選，而且也重擊民主黨。2028 年之大選將是民主黨最大考驗。若以宏觀角度來說，此次大選可以看出，選民重視通膨、治安與移民三大項議題，自由、民主口號是無能為力的。川普以重砲痛擊非法移民，其中就包括華裔移民，由而產生歧視華人之狀況。整體而言，華人在美國白人圈子中是被另眼相待的。

　　這次大選更可看出民主黨已被選民所棄，他們應正視這次大選失敗原因。觀諸美國當前街友人數居高不下，印證處於中下層選民艱困生活的真相。在過往的社會中，民主黨黨員多有大學文憑，也多在公家機關任職，他們就是社會中有地位者，亦即社會上有辦法的人（insiders）。但是，經過這次大選，可以發現美國選民結構已產生改變。

美國是兩黨政治的國家,根據歷史記載,截至今日,三黨一起來角逐大選是沒票房的,這種情形與身家無關,只與兩黨政治有關。在近代史上雖也有豪門參加大選,但均一一敗北,過去如此,未來也一樣。包括這次投入參選又退選的小羅勃甘迺迪(Robert F. Kennedy Jr.)。(他後來參加共和黨)

　　整體以觀,美國選民正在蛻變中,也就是說,口號宣傳少有功效。民主黨敗北也導致東部菁英(Eastern Establishment)失去往日瑞氣。本章將深入探討這些政治新氣象,以及美國兩黨政治的未來走向。

第一節　共和黨絕殺　民主黨雪崩

　　2024 年美國大選創下幾項選舉史上的記錄，例如：媒體預測失靈、選期尾端賭盤定言川普大勝。川普二進宮、小市民勝利。自由貿易不再、美國單邊主義上升、中美關係日形不安、地區戰略盛行；非洲、東南亞各國自行團結，歐盟地位日落、各大國軍費增加、保守勢力抬頭與民主派別遭棄。這就是 2025 年世界的新面貌。

　　川普首度崛起遠在 2015 年，他在是年春夏之時正式宣佈要參加 2016 年之大選，在此時之前他是一位專炒地皮之投機客，也曾在賭城大西洋城（Atlantic City, New Jersey），連開過三家賭場，均因賠錢而關閉。他也常欠稅，然而其財產均日有所增；他從未從事公職，却時與政府人員打交道，心中的目標就是白宮。由川普的傳記可看出他與大官交往放言總有一天要選總統，如今他再次如了願，也算大器晚成，值得一記。此次大選之重要意義是保守共和黨絕殺大勝（Sweeping Victory），民主黨雪崩（Avalanche）。

川普二進宮

　　川普從政後最引人注意的是他有一幫粉絲，粗略的看一看，應該有七千多萬，這時是 2016，及至 2020 之選舉「川家軍」（Trumpian）出現，這批人馬在 2024 又展神威，將川扶上正位，人數約在 7 千 5 百萬人。人們對此一現象有三問，其一，他們是誰？其二，為何如此熱誠，終生相隨；其三，川普誘導群眾之口號是什麼，如此地吸引追隨者之忠誠。

　　就上述第一個問題，白話來說就是，人從何處來？其實這答案很簡單，他們就是一般稱之為「被忘記的人們」（the forgotten people），他們多為中下層青年，多無正式大學文憑，僅是高中學歷，或在社區大學（兩年制）（Community Colleges）畢業。重要的是，他們多是來自生活困難的中下層家庭。以照顧中下層選民為主要訴求之川普，自然成為他們心中之領導者。

　　這些中下層選民亦有「世代窮困者」（Generational Poverty），也就是美式社會階梯之中下層。因為中產階級人口日降，社會重擔於是就落在這批三無者（無房、無高學歷、無足夠收入）的肩膀上，如副總統 J.D.Vance 等人，因自己特別努力向學而進入菁英階級，否則就是「美式階級」（American Social

Race）中的低階位者，而目前美國正出現大批這群少有高學歷之中下層，多為清苦自持者，這就是終生與生活拚博之人。

第二個問題是「為何有如此多熱誠支持 Trump 者」。最大多原因是，民主黨治理下的國家純由「東部菁英」（Eastern Establishment）所領導掌控，他們多有發光之學歷，也有發亮之家世，自然成為上層社會之領導者，在「世代當家」（Generational Ruling Class）中有其特有的地位。至於多數中下層，人們盼望有一個與他們「近氣」（Speaking Same Language）的人來作領袖，以照顧中下層選民為主之川普，自然成為中下層民眾心中之領導者。

第三個問題是，因為川普刻意走向鐵銹區（Dust Area）與失業大眾博感情，這一群群失業及失意的中下層人們，乃成為川普之忠實追隨者。他們狂熱赤誠投向川普，使他有了如許多之粉絲，忠心不二，永世追隨，支持他擊敗民主黨。

這些（白人）鐵銹區的人們在社會低層工作，薪資微薄，他們的下一代可能缺錢讀大學，如要就讀也多靠借貸，於是一些年輕人入大學的第一天就舉債。也許這就是他這一輩子面對債務的第一天，他們永遠在美式借貸中打轉（American cast），而他們

覺得只有川普才能真心去解決這一問題。

年輕人意氣高昂，總認為祇有自己對，別人都不對，最明顯的就是大學生常以個人標準衡量百事，易引起情緒問題，最終成為兩派鬥爭。人們逐漸同意一個說法，那就是承認「政治是文化的延伸」（Politics is Downstream from Culture），這種互不相讓、唯我獨尊的方式，祇會加強意識不同的年輕人更加分歧，進而引起「道德恐慌」（moral panic），堅認對方不對，祇有自己對。根據統計，民主黨家庭中之年輕人偏見較深，鬥志最強。

青年人之間常有一種惡習，即為給對方戴上「種族歧視者的帽子」，這種鬥爭最終與社會上之黨爭（Partisanship）合而為一，使得青年們因黨籍不同而永遠與對方分庭相鬥，社會和諧氣氛不再相見，祇求成功地將自己這一個團體組織推進向前，以達到「全方位之優勢」）（full spectrum dominance）。

美國今天有 1/2 年輕人未讀完正規四年制大學，有的就是因為沒有錢付學費，有的人則借錢上學，有的為安排打工以協助家用，他們很自然地就這樣過一輩子。他們當然不滿民主黨為主之菁英，也都在等著川普出來吹起衝鋒號聲，他們要選出一個真正為勞苦大眾、有同情心的領袖。

反移民之動機

　　移民一直是官民相爭之一大主題，今日更成為當前最大爭議之一。事實上這一類爭論將延至未來，直到永遠。這是因為這世上總有人扮演救世主，要拯救非法移民。然而這種想法終於觸到瓶頸，此路走不通了。當拜登在就任總統之時，忽略事實，未審慎思考即發出允許移民進入美國之命令。他這項不成熟政策改正不了錯誤。2024 年更成為大選最重要、最引人注意之議題，拜登的策略未能阻止無窮盡之人流，終於成為川普贏得 2024 大選的重大原因之一，結論是拜登政府在移民問題上交了白卷，也成為無能四年之例證。這也說明「幻想」之政策一定失敗（Radicals hope for using mass deportation will be the end）。

　　在過去四年中，大量非法移民衝入美境，使得人們不由得懷疑這情況對美國經濟會有何後果，最終仍將採用川普之堵塞移民政策，一定要使得難民無法入境（….making it harder to come to US）。川普對移民問題清楚也決斷，這種果敢方策是他在 2024 勝利之最大原因之一。

　　當川普確知他的選舉人票數已到過半時刻（美東時間 2024 年 11 月 6 日凌晨 2:24 分），他即自行宣佈當選。一時之間，一

個「歷史上僅見，超大權力的工作加在我身」（Unprecedented and powerful mandate）。這不僅是一個新總統之誕生，也代表一個新記錄之創立。

2025年是一個新時代的開始及一個舊時代的謝世。這不僅是總統選舉，也是一次年輕世代之選擇。也就是說大多數的美國選民創造了一次世紀性的大選，意義非凡。這不僅代表新總統之來臨，更重要的是，一個新時代之降臨，也說明了這次大選不僅是川普與賀錦麗二人之選戰，更是民主與共和兩黨之對決。

就民主黨而論，這一次慘遭滑鐵盧，除歸咎於賀錦麗不適宜之競選策略，民主黨定須痛下決心消除病灶，如此則前途仍有可為，四年後再將江山拼回來。然而，看看大選結果之各項紀錄，民主黨須知事情大條。因為這並不僅是一場川普與賀錦麗之競爭而已，同時是兩黨競爭，民主黨未來要想扳回一城，擊敗共和黨，非大破大立不可。

2024的大選結果，民主黨面臨空前大落敗，已是崩盤。這一場黨與黨之爭，令致民主黨俯首稱臣，短時間內難有起色。一場由川普與賀錦麗之爭成為兩黨殊死戰。人們也有了選擇，認黨唯先，如今民主黨已完全被清空，除了只剩骨架之外，再也無力了。

論者謂，民主黨此一戰役不僅輸了選舉，也傷及士氣。過去，民主黨以口號起家，人人都在喊自由民主，卻忘了人們痛苦的活著。

客觀地觀察2024大選，看到了美國今日最為人們重視的三大難題，是通膨（Inflation）、治安（law and order）、邊界移民（border issue）。共和黨此次大勝之主要原因，就是抓住了這三大問題，而立即推出對策。反觀民主黨，卻抱著自由及民主兩張口號牌，殊不知民主黨的自由派份子忽略了人們真正關心的議題。

美國在川普領導下將重塑（Reshape）其世界領導角色（the Role in the World），推出一場不同凡響、250年始見之個人秀。川普在其於2024年4月12日與Time記者談及境內治安問題時，明示唯有動用國民兵（National Guard）以平亂。自由派人士雖反對，然而多數的人們贊成。也就是說，川普知曉選票在何處，民主黨人則無感。

第二節　川普再主政　全球震盪

　　川普再度當選美國總統，吸引了全世界之眼光。其來源就在他的川式貿易規定，十足就是貿易戰，各國莫不謹慎以對，準備鬥爭。川普也即時宣佈2025年一月二十日以後，中國稅率加10%，令人吃一驚的是美國小老弟──加拿大與墨西哥則各要陡增25%。這使得加國總理杜魯道立刻飛往佛州「湖海山莊」（Mar-a-Lago）去報到。人們在問，川普的新貿易政策真的那麼厲害嗎？答案倒簡單，就是一個「是」。事實是杜魯道未得到答案，就返回加拿大。川普則高唱收加拿大為美國第51州。

　　整理一下有關貿易戰之各項資料，始知這一政治行動將是龐大且影響深遠。每一項都是殺氣沖天，令人不安。也許川普之新規定（new regulation）中以「減少政府兩兆開支」為目的。當此各國都在尋思如何因應貿易戰而起之國際爭端時，川普推出了另一個同樣具有爭議性之政策。

難為之移民政策

　　這一引人注目之政策就是強制遣返不法移民。這一問題在大

選時是川普所提，爭議愈演愈烈之原因在於，非法移民已有數百萬之多。拜登惹了禍，未解決就退休，這就成為川普必須立刻面對之問題。此一強力遣送移民政策開始之際，川普才發現說的比做的容易，這遣送二字說容易做知難。

另外一個令新政府為難的是如何縮小行政體系，如何節省二兆美金，也就是說如何裁掉50%之公務人員。除此之外，一定讓川普大傷腦筋的事是，如何與各州政府合作，有效且合理地推行政務。2024大選也包括州長們之選舉，這次共有十一州州長改選，結果是8比3，共和黨勝選，而共和黨在州長人數上較多，這也是2024年大選共和黨之一大勝利。可以說，共和黨在兩院及州長均勝選，再加上已是多數之最高法院之保守人士，川普一人完全執政時代來臨，在歷史上只有小羅斯福時代可以一比。

在選前三十天左右，雙方仍緊咬住對方，一直到選前一週才看到川普有勝利之跡象。新聞媒體開始不客氣地對民主黨作了抨擊。等到開票那一天，人們守在TV之前，難以置信的看到民主黨大敗，而且輸得很慘，這一個自小羅斯福在1933年即掌握美國政治成為當今世上霸主（Hegemony），一時之間，這一由最大黨（民主黨）控制之美國政治已然成為「東部菁英」（Eastern

Establishment）之天下。長期以來民主黨黨員人數是多數，自大學畢業的也屬民主黨多，在政府中工作的白領階級也是民主黨的天下，他們就是美國的「在位者」（the Insider），共和黨則敬陪末座，他們生活較艱困，他們多盼望川普得勝也有機會看到青天，川普之勝利就是他們的勝利。2024大選對他們是一門最重要之功課。

2024年大選出現了民主黨雪崩之現象（Avalanche），表面上看這次大選帶與川普大勝（Sweeping Victory），然而再深一層看，却發現本次大選呈現的不僅是誰勝誰敗的問題，而是為何民主黨敗得如此全面。攤開記錄本，發現共和黨多數於參眾二院。民主黨則在州長選舉也失了前蹄。再加上大法官親共和黨有六席，民主黨僅三席，設若川普在未來四年中有機會再任命一席大法官，則兩黨相較，成為8:2，對共和黨更是有利，這在美國歷史上不多見。

2024大選，不僅是二位候選人之競賽，而是兩黨之生死戰。黨員較多，受過大學教育的較多，政府中領導階層者民主黨較多，中產階級及大闊佬也較多，這一猛將如雲盔甲鮮明的部隊吃了如此大之敗仗，確是當代史上特殊的一頁。民主黨如此慘敗，真正

的敗黨者就是拜登。

民主黨際此大敗之餘，定必要找出「戰犯」，一般人或以為賀錦麗代表民主黨參選，應該負責。然而民主黨多數人不是這樣認為，多數黨員均指拜登為罪魁者，直稱拜登（finger pointing）為戰犯者逐漸增多。他們也強調拜登的小圈子害了他，主要就是他的家人及寵臣（sycophants）。一般人的看法是，拜登根本就不應有如許之多不適合的顧問群。

人們也認為拜登在與川普大辯論前接受法總統邀請之"State Visit"，後又參加G20大會，兩週下來得了感冒，在家中休養未作辯論前之必要準備。從這裡看出拜登特愛出國，有邀請必出訪。並且樂以金錢與烏克蘭與以色列發展關係。如今又在下台前極不合宜地命令烏國施發長程火箭攻擊俄羅斯，換來的又一陣俄軍轟炸，受難者都是烏國人民。

拜登好戰　川普善鬥

拜登以外交長才身份官居總統之位四年，他的名聲定必在歷史上有一頁是不堪入目的。他雖然以外交專家身份登上大位，然而這一高位也映照出真相。因為他在這短短四年中將外交搞得窘

態必露，全然不像一位深入外交環境數十年之士所為。這是因為他祇在外交上作了二件事，其一是烏俄戰爭，這場「代理人戰爭」滿足了拜登好戰的個性。拜登與川普有一個不同點，那就是拜登好戰，川普善鬥。拜登在這一個性上發動了一場場國際戰爭，還容忍一系列暴行，即以色列之侵巴戰爭，將白花花的銀子予以色列。由於他在這兩項目上花錢太多，美國欠債已達天文數字（36兆美元）。

他不計美國人也需要錢，送與烏克蘭及以色列重磅軍援。其結果是烏克蘭國破人亡，而巴勒斯坦則遭到以色列之無情屠殺。換句話說，拜登不是一位力倡和平者，而是一位熱愛戰爭者。巴勒斯坦人民因此忍受戰爭，喪生的老弱近五萬之多。俄烏戰爭則造成了無辜的一千二百萬難民，烏克蘭要想復原非五、六十年不可。而巴勒斯坦之故土恐被以色列永久控制。這就是拜登這四年之主要工作成績。

拜登對外交政策有其堅持的方向，就是拉邦結派（Alliance），他促成了「美日韓同盟」、「四方會談」等聯盟，然而由於韓國總統尹錫悅已為國家所棄，這一聯盟也就消失。拜登也成立許多地區戰略中心「Regional Strategy Center」，就是為了削弱北京之

影響力，也就是說，美國聯手國際友人以孤立中國。這就是拜登外交之重心。他善用監控及打擊，作為敵對中國之手段，相反的，却對南美及非洲缺少聯絡，是為一大缺點。他將注意力置於中國，而忽略對世界其它地區之關注，是其工作上之最大缺失。

拜登一方面與中國對立，一方面又多次要求與習近平會唔，這一矛盾行為說明他仍想藉與習有交情，予人一種安全感。他是在與中國為友，不過事實上却不是如此，因為他熱衷利用孤立主義之行為以孤立中國，他並未真正地與習近平為友。昔日杜魯門曾對有意在華府（Beltway Politics）中找個朋友建議還不如買條狗較實際。季辛吉（Henry Kissinger）則認為任何國家想作美國敵人，則必敗。如果想與美作友人，則必亡（Catastrophe）。

拜登特赦杭特爆爭

最令人對拜登有意見的是他在下台前50天突然昭告世人，他已經予愛子杭特（Hunter）以「總統特赦」。自此杭特即擺脫其在2018年所犯之三項聯邦罪。就在這一年，杭特因為非法購買鎗支，在購鎗時，未依實填寫買鎗表格，作了不實陳述，又謊稱自己未吸毒，這就是聯邦罪，因此被判重罪。他同時又犯一罪，就是逃稅。法院檢察官認為他曾在十年之內未繳140萬美金稅款。

這一連串之大罪必需受審受罰。

令人十分詫異的是，杭特在 2024 年 9 月對所有案件自首認罪，他之所以如此作，是因為自首可得到一些減罪，將會少被關一段時日。經過仔細審視案件內容，識者發現他的各項罪名如被判定，則可能要坐牢四十二年，這對杭特父子是一個無法承受之苦難，因為拜登對杭特愛之深人盡俱知。

拜登本有二子，長子 46 歲因病去世，身邊僅有次子杭特，這也是他父子二人特別親密之重大原因，拜登在很多場合均公開聲明杭特是他的「驕傲，以他為榮」，這就是拜登予杭特赦免之真正原因了，杭特也因之可以擺脫牢獄之災。

拜登此舉坐實人們對其多年放縱杭特之不法行為的事實，當這一消息透過媒體釋出後，惡評不絕，共同結論是拜登如此膽大妄為，將使其列入美國歷史上最無品無德之總統，同時此一大膽行為更為媒體評為「自肥」，重挫司法公信力。

這也推翻了他過去多次信誓旦旦地表示不會用總統特權獨厚杭特，也證明拜登正在玩「司法政治化」之遊戲。拜登此舉引起美國人的不滿與憤怒。人們的普遍反應是「非常失望拜登不顧正

義，為了私人關係而違背司法獨立之神聖地位」。除了杭特案件外，還有拜登大失敗之事，這就是 2021 年阿富汗撤兵之敗筆。

阿富汗撤軍（2021 年 8 月 16 日）由拜登親自指揮，其結果是一場空前的慘敗，較 1973 年西貢撤退更為失敗。但為找出造成失敗之指揮者，眾院於 2024 年 9 月 9 日發文指責拜登政府政策錯誤導致大撤退，其責任當由拜登負全責。此文件指出拜登未能按著撤退日期作好各項準備，却在極度慌張中突然撤軍，以致現款美金 570 萬及價值 70 億之軍備物資未及隨身帶出，却留給敵軍，誠一大錯誤。

最大錯誤之一是，未能掌握撤退當天之機場動態，以致就有美軍在機場被炸身亡。儘管拜登政府一再努力辯解，這一冊眾院發表之專文將留給世人一件珍貴之文件，說明民主黨在拜登領導下，就阿富汗大撤退而言，總指揮是失敗的。（請參考近著：傳奇、爭議：川普與分裂之美國，黎明，2021。2024 美國大選，黎明，2023）。

第三節　美式民主之第三黨

小甘（Robert Kennedy, Jr.），有個極富的祖父（Joseph Kennedy），然而他的名聲並不十分好，他是一個高段投資股票手，也是甘家王朝開創者，甘家財富奠基者，他並且口創一句股經成為玩股票之金句：「如果你看到擦鞋童在買股票，那就是該賣股票了」。他亦曾派駐英國大使，當然也是花錢買的。

小甘的伯父（John Kennedy）是美國第 35 屆總統，1963 年於達拉斯遇刺身亡。其父（Robert Kennedy）參加大選被刺（時為 1968 年），這兩次不幸事件予小甘非常嚴重之打擊，這位不幸的少年亦受到吸毒之禍，入獄並改造成功。他受之苦（grief-stricken）祇是在撫慰一己之空虛心靈（empty space inside of me）。他的第二任妻子瑪麗（Mary）為他生了四位子女，亦因吸毒無法戒斷而自殺。小甘今日之妻為雪兒．海妮絲（Cherl Hines），是一職業演員。

事實是甘家從過去到今天共有一個人當過總統，四個人競逐過大位。他們是小甘之父 Robert，他曾擔任過司法部長（Attorney General），Ted 為小甘之叔父，早年平庸，壯年及老年時全力經

營其參議員之工作，受到舉國讚揚，稱其為「參院之獅」。

其三，小甘之姑父謝夫銳（Sergent Shriver）曾擔任過 People to People 之負責人，再加上小甘，真是人才之家。小甘自從宣佈參選之後，就特別注意其安全，逕向政府安全部門要求派員協助維安，有關方面予以拒絕，是以他自己祇好負擔此「維安」工作（take precautions）。

小甘的政治傾向相當複雜，有人稱他思想頻走極端，左派民主黨人認為他太左派。同時間右派共和黨則認為他太過右傾。這樣子的一個多重理念的政治人物，吸引到類似之同志，然而也由此樹立了一些政敵。甘氏家族就反小甘到底，激烈非凡。然而小甘並不以為意，反倒可以將各個不同政治理念的人們結合在一起，自稱可以將分裂之美國整合統一（heal the divide）。

今有一例以說明他那些特立獨行的政見，例如他在疫情嚴重期間，大力發聲反對施打疫苗，這一尋常舉動令致人們不滿。他的此一行動（anti-vaccine）引起很多人的反感，但也有不少人贊成。

最明顯的例子就是他與族人常有相異之言論，這種態度也促

使他與族人之間的親情日漸淡薄，也使得他與民主黨愈走愈遠。民主黨人就將他劃為叛徒，不再視為一家人。然而他也不是共和黨，因為他感覺到共和黨愈來愈忘記該黨之保守概況，因為他自認自己較共和黨更右傾，也更保守，結論是他為兩大黨所排斥，逼得他硬著頭皮選擇2024大選異類──第三黨。

小甘自童年即進入多次震撼之家族不幸事件，個性也有了一些不尋常的思維，他的理念引來支持者，當然也引來反對者，令人意外萬分的是，最反對他的人就是甘家族人，這一由老甘建立的甘家王朝，有錢也有勢，他們的中心思想就是錢與勢。百年來的經營，使得甘迺迪（Kennedy）成為美國最有影響力的姓氏之一。如今這一位甘家名人却為甘家人所拒，確實令人注意。小甘如今大步離開了甘家殿堂，是為甘家人最痛恨不齒之動作。

小甘身為環保律師，就與一些超級環保人士結為同志，也因此為媒體注意，而予以正面推介，以致受到某些媒體高度肯定（media buzz），也就順理成章地成為選民在「恨雙惡」（double haters）之外的另一個候選人。人們無須費神去尋找一個較比「不十分壞者」（the least of two evils）為下屆掌大位者，因為身邊就有這位第三號候選人。

小甘家之聲勢就是今日「當權派」（the insiders）之典範。他們有亮晶晶的姓氏，也有白花花的銀子。他們多為長春藤盟校畢業生，也多有法學學位（law degree），他們就是民主黨建制派的主流，他們對小甘言行不屑，也十分痛恨。不但割袍斷義，還下詔發難。這一討伐詔書是這樣寫的：「小甘之作為與甘家無關，他與甘家人不一樣（……not share the same value, vision, or judgment……we denounce his candidacy……）。並且再加一句特別狠的評語，「他的舉措已傷害到我國之利益…」（…to be perilous to our country），言詞無情嚴苛，不像是一封致族人之信函，這就是甘家人。

第三方參加大選均敗北

過去以第三方身份加入大選者均一一敗北，無一成功，茲舉以下二人之參選失敗為例。一位是進步自由派民主黨黨員納達（Ralph Nader）。他在美國有極高之人氣，這是因為他是保護消費者權益之領頭羊，也是左派自由主義者，他在60年代中葉大聲責問GM出品之小型四人車Corvair，此車係GM抄錄德國福斯公司（Volkswagen）的車，惜技術太差，抄得不得體，極易停火，毛病一大堆。此車為後置引擎，深得美國人喜愛，然而仍無

法成功，GM 祇好下架此一系列之車，美國模仿製作宣告失敗。降至 70 年代日本之 Honda 在美大流行，人們爭相購買日式汽車，導致日本車成為世界第一大廠。今日之世界汽車第一大廠則在中國。不過，納達雖因重視消費者權益而聲勢大起，但在大選時之表現令選民大失所望，所獲選票不到 5%。

另外一位是實業家，億萬富豪佩洛（Henry Ross Perot）。他第一次參選是在 1992 年，票數低到 1.9%，第二次有進步，達到 8.4%。然而最終亦以敗戰終場。這位來自德州之高科技大伽，有錢也有幕僚，然亦抵不過選民現實之考量而落敗。

候選者有銀子，有班底，又有社會地位，然而仍為選民始亂終棄，佩洛就是一例。他有用不完的競選經費，也有努力助選之部屬，然而在選民不願作「魯蛇」（loser）之心情下，再度放棄理想人選，而選擇了兩黨之代表。因此在美國選舉史上，人們在投票那一天仍然相信兩人競選，而放棄三人競逐之選舉方式（land of three）。在這樣子的氣氛下，小黨自然難以生長，也無法生存，兩黨政治仍是今天美國選舉政治之唯一組合。

2024 四月初的 the Economist 週刊作了一個民調，發現支持小甘之部份群眾仍未決定是真心幫助小甘，還是會變心，這些放

棄黨籍却再回籠繼續當民主黨人者，就是維護兩黨政治的選民。這篇報導得到一個結論，百分之 34 的民主黨人士認為小甘是一個保守主義者，而僅有百分之 14 之民主黨支持者認為小甘是一個自由派民主黨人士。共和黨中則有 33% 認為他是一個自由派。這說明了小甘在政治思想上予人不確定之感覺。

然而，令人意外的是，小甘於 2024 年 8 月 23 日宣布暫停其競選活動，並表示他將退出並支持共和黨候選人川普，因為他已不再相信自己有機會勝選。數小時後，小甘在亞利桑那州的一場集會上與川普同台亮相，現場觀眾熱情高呼「鮑比」（小羅勃·甘迺迪的暱稱）的名字，氣氛熱烈。川普稱小甘為「一位在我們共同價值觀上做出巨大貢獻的人」，並表示：「我們都在為這個國家做正確的事情」。隨後他讚揚了小甘提出「長期以來被忽視的重要問題」，也就是民生議題。川普當選後即公布他的衛生部長人選，就是小甘。很明顯，這是一種如假包換的政治性回報。

鬆綁大麻搶選票

2024 也被稱為是歷年來最荒謬不倫之年份。已退出爭取連任、力挺副手賀錦麗決戰川普的拜登總統，在退選前為了要贏得連任，居然明令鬆綁有關使用大麻之規定，為了選舉如此定法是

福是禍，必有公論。

拜登正式公佈一項有關使用大麻之重要規定。目前的情況是大麻為一級管制藥物。新的法令則是將大麻列為第三級管制藥。半世紀以來，雖然有 38 州已然將醫療用大麻合法化，然而此一由聯邦政府所下之新命令確是一樁大事。不過也由此可以看到，民主、共和兩黨鬥爭已進入白熱化境域，民主黨就來拉選票以合法化大麻。

儘管拜登此一政策宣示是跟著民意走，然而仍有甚多意見相反者。這一反對聲浪認為大麻類似「入門毒品」，成為低階使用者轉成癮君子使用之第一步，全國目前已有 24 州將娛樂用大麻使用合法化。當今美國由於貧富不均，低收入者有可能已轉為遊民（Homeless），也有可能成為「吸毒者」。今日法令鬆綁對人們而言，是福還是禍祇待時間來證明。

另一方面，共和黨總統候選人川普 8 月 31 日發貼文表示，他認為佛州的成年人不應該因為持有「個人數量」的大麻而被捕，強調支持讓佛州娛樂用大麻合法的公投提案。川普在他的社群媒體平台「真實社群」（Truth Social）上表示：「無論人們喜歡與否，這都會發生。」這就是另一個選票跟著大麻走之實例。

2024年大選另一個特徵就是新興媒體展示之科技競爭。這種宣傳手法在1960年總統大選曾展示了電視功能。那一次總統競選時之電視辯論成為尼克森及甘迺迪勝負之關鍵，事實是甘迺迪之英俊面孔出現在螢幕上就是一張令人喜歡的美男子形像。媒體以美好的詞句形容甘為一「年青、智慧、有魅力」（youth, brilliance, glamour）的領袖。事實是甘在電視上特別顯出這些優點，也可以說甘在電視上就以一健康的面貌贏了尼克森。

　　自此之後，電視成為美國大選爭取選票之一大推動機，「上相」與否就是成敗之關鍵。時至今日，各類媒體機能均層出不窮，各有勝場。這就是2024大選之真貌。最令人注意的就是今日運行之印刷業可以用最短時間，開發出動人之媒體資訊，稱之為「科技性能之混亂」（technological disruption），媒體則利用新科技影響選舉結果，2024大選就做了見證！

媒體競爭加劇社會分歧

　　美國知識界不論極左或極右者，均有其固定認知之媒體，這一屬性不易改變，祇會加深二者之不同。於是就有左中有更左者，當然極右中還有更右之最最極右者。走到最後，這極右與極左間已無緩衝區。這種趨勢也就是當今兩黨關係之縮影，雙方祇有「致

命鬥爭」（Lethal Rivalry），美國之分裂已在民間展開。媒體間之競爭將加劇社會分歧，驅使民主破碎。這一場極具殺傷力之大選後，美國將需一段長時間來療傷止痛。

最令人注意的一件案例就是 2016 年班農（Steve Bannon）所主持之網路成功地號召與此網路同一思路之網民起而支持川普。他主持之網路 Breitbar 起了莫大之作用，帶動了無數的網民，導致川普支持者大增。時至今日，由於 AI 之助，這一現象當然更為可觀，已可看到的就是有些網路成功地網住聽眾納入「同溫層」群體。自此開始，AI 已成為大選不可忽視之角色，人們也就習慣性地接收一些「歪論」（fakery）。而 AI 更會「加強」（up-end）網路之力量。

2024 年的第一天開始，選民就有愈益增多之怨言。根據著名之民調蓋洛普（Gallup）在 2024 年三月所作之調查，美國在全球人民歡喜比例呈現下墜現象，一年之間從世界 15 名跌至 23（芬蘭第一），說明美國人多呈憂心困境（dyspeptic），尤其擔心未來（anxious），對現況不滿，甚至對其所屬之教會也有不滿。令人驚奇的是，他們對其所屬之政黨有著最多之不滿。

其結果是民主黨黨員對本黨意見很多。然而問題在為何民主

黨人對本黨有如此多之不滿。共和黨人對本黨當然也有人不滿，然而在程度上不及民主黨對本黨不滿之重。這一現象也在歐洲各國出現，可以說情況已是全球性了（global symptom）。那就是傳統之民主自由人士可能有轉向現實保守之趨勢。

紐約大學（石溪）教授 Musa Al Gharbi 之報告指出，受高等教育（大學水準）之白人易有「歧視」（racist）群體之現象。另外亦有專家認為，自由派民主人士多未能發揮力量來推動一個活力之社會（resilience），反而推動一些可能令社會遭難之行動（catastrophic），對未來有負面態度，對身心是不健康的。

對於保守派的人士而言，他們最顧及的是身邊之事，例如物價上升就是一個揮之不去的陰影，對他們而言，民主或自由這些口號並不是身邊之事。意識形態對升斗小民而言是太遙遠了。2024 年大選之中心課題是因人而異的，對民主黨而言，唯有依賴自由與民主二大招牌。對小市民而言，麵包之價錢才是重要之事。

第四節　政黨鬥爭與族群分歧

當今民主與共和兩黨正進行「醜陋之黨爭」（Naked Partisan），是為今日美國社會分歧之重錘（Wrecking Ball）。展望未來，此一黨爭毒性特強，絕對回不去了。早年雙方談論國事，重「議事」（issue），今日則耍陰鬥狠，更似刑場。政黨帶領全民走險路、出惡語，渾然全無世界領袖之風骨，倒似一個麻煩製作基地。

在 2024 大選期間，兩黨各有盤算，各有機關，均在希冀成功消滅對方。「華府政治圈」（Beltway Politics）人物更是摩拳擦掌為這一世紀大決鬥作準備。這一場致命的鬥爭當以黨爭（Partisan）為主要課題。因為這場以思維為主之鬥爭就是兩黨之奉黨意為主之戰爭。2024 年大選是分水嶺，之前是一個國家，之後則是兩個國家，從此美國進入分裂時代（The Divided Era）。（詳見拙著《傳奇　爭議：川普與分裂美國》，黎明，2021）

共和黨在 2020 年始，就有內部鬥爭，是為擁川普與反川普之分裂。然而共和黨內因川普與黨內傳統理念相異，就在 2020 年始，反川黨員即聚集另行尋找出路，然而倒川派終究無力撼動

川普控制共和黨之力量。

2024年大選期間,川普實力反而往上升,這就是今日共和黨之面貌。一個在野之人凝固眾人之力,掌握共和黨之主導權,導致2024之大選仍由川普出師迎戰民主黨。川普於此一動盪時期再度問鼎大位,最終並獲得勝利重返白宮。

就美國社會面及政治面而言,川普之動靜必為眾人所注目。2021年失去大位後,川普回鍋爭大位之企圖心是不變的。他終於「未負眾望」於2023年年初率先宣佈參與大選。由於他自2021年元月20日下台後,一直嚷嚷著要再回白宮,所以他的參與大選聲明並未引起人們太多注意,民調對他也多缺乏正面報導。然而他仍然不停地製造了一些新聞,並且獲利最多,實是奇聞。對川普有利新聞來自一項被起訴之新聞。這就是白艾榮(Alvin Leonard Bragg Jr.)對川起訴行動。

紐約檢察官白艾榮在2023年3月30日發出34項對川普起訴案件。令人驚訝的是川的民調卻升高了。就在此案公佈兩天之內,川粉們大力捐款五百萬美金,其中四分之一來自第一次捐錢者。如此重大之公訴案可謂虎頭蛇尾,因為川普為此而上法院,僅僅只用了57分鐘就完成了於四月五日所舉行的法院庭訊。

民調結果令人稱絕，其中一項問及是否這是件有政治性之公訴，高達 56% 受訪者認同，也就是俗稱獵巫（Witch Hunt），支持川普者高達 58%，由此以觀，可知人們對川普是同情的，也是支持的。他在共和黨的支持度更是全黨第一名，並於 2024 年當選為共和黨選出之總統候選人。這有些令人感到是一樁「嘲諷式之奉承」（Cynicism Cringe）。而川之二兒媳則當選共和黨全國大會主席。

川普雖為政敵看不起，然而卻在籌款方面成績卓著，例如他在 2023 年前三月之募款就有 3400 萬美元，另外也有民調對其頌揚，其中之一是 35% 的受訪者認為川是一位既誠實又可信賴之人。還有民調顯示 34% 選民認為他對女性是尊重的。

川普此番受到人們熱情支持惹怒了民主黨中之自由派人士，《Time》周刊作者 Nancy Gibbs 不客氣地炮轟川普及共和黨人士。民主黨全力鬥爭川普時，川的民意調查卻上升。黨爭進行中，暴力份子（insurgencies）就會趁機起事，製造麻煩，評論家 Malcolm Nance 在其著作 They Want to Kill Americans（St. Martins, 2022, P.30）就認為「人們會擴大鬥爭到大街上，而仍無法解決」。

拜登受人抨擊最重之點就在於他是一個如假包換的老人。而

這也是他揮之不去的陰影。拜登要小心的是他的麻煩大事，寶貝兒子——杭特（Hunter Biden）與烏克蘭解釋不清的金錢醜事。事緣在拜登任副總統期間，Hunter每月支領烏克蘭給與美金五萬元。多年前五萬元對窮國烏克蘭是筆大數目。這一令人不解之事已成為共和黨在兩院中要查清楚之大事。為了應對此一挑戰，拜登在白宮設立「戰情室」（War Room），與共和黨作殊死戰。

今日美國之黨爭已扼殺了雙方之「友誼」。政黨間不再討論議案（issue），而是動用表決。美國人推崇「贏者全拿」（Winner takes all）原則忽略小弱少數，助長多數。以致民主黨推出之「政治正確」（Political Right），就對社會中少數派有歧視。事實是資本主義者統治了美國，於是就有當權派（insiders）與老百姓之分。

今日美國街友們（homeless）無依靠，當權派視而不見。資本主義治國論的結果，將近百分之七十者無法拿出400美元以應急。而新生代（E-世代）則生下來就欠債。這就是黨爭與社會分歧之結果。

民主黨政策

拜登上任後，先後簽署了 1.9 兆經濟刺激法案，推出了 2 兆基礎設施計劃，另一份造價或在 1 兆左右的「美國家庭計劃」也在數週後出爐。這一系列開支計劃是美國自上世紀 50 年代開始修建州際高速公路並展開太空競賽以來最大手筆的公共投資，在很多人看來，這標誌著一個新的「大政府時代」的到來。（民主黨之金科玉律就是大政府主義）

從「美國援助法案」到「美國就業計劃」再到「美國家庭計劃」，拜登提出的總開支已超過 4 兆美元。在昂貴的價籤背後，是更為巨大的願景——1.9 兆經濟刺激法案涉及了大量社會福利專案的擴張；2 兆基礎設施計劃中，用以修建道路和橋樑的錢只佔總開支的 6%，真正佔重頭的開支則被用以那些提升種族、性別和經濟平等，帶動美國向清潔能源新經濟轉型，提振高階製造業和護理產業，以及搶佔未來技術高地的專案。

在拜登看來，政府投資是撬動這些巨大專案的關鍵，隨之產生的公共成本則需要企業承擔更多的責任，為此，他提議將企業稅從 21% 提升至 28%。有人稱這是拜登的一場「豪賭」，賭政府能比市場更有效地提振經濟，能完成私人部門做不到的事情。

美國歷史上最著名執行「大政府」行為是上世紀三十年代羅斯福總統為應對「大蕭條」而提出的「新政」（New Deal），以及上世紀六十年代詹森總統提出的「大社會」計劃（Great Society）。

與「大政府」相對應的「小政府」，通常是指政府為自己「瘦身」和讓權，讓自由市場發揮更大的作用。雷根總統是讓這一概念深入人心的關鍵人物。他在任上減稅、去監管、福利改革等舉措，被稱為「雷根革命」。在1981年就職演說中，雷根的那句「政府不能解決我們的問題，政府本身就是問題」，更成為無數小政府主義者的座右銘。

長期以來，美國社會對於到底應該走「大政府」的道路還是奉行「小政府」的原則爭論不休。對於「大政府」的批評者而言，「大政府」所帶來的財政赤字上升是經濟的一大隱患。很多保守派人士認為政府官僚主義和效率低下，「大政府」不僅解決不了問題，還會帶來資源浪費。「大政府」對美國民主而言也是不健康的。

顯然，新冠疫情所帶來的民意變化成為了拜登推行「大政府」的東風，美國民眾對政府的依賴度明顯上升。蓋洛普「年度治理

問題調查」顯示，54% 的美國人希望政府「做得更多」，這是該民調自 1992 年創辦以來在這個問題上所見到的比例最高的一次。不過，分析者普遍認為，隨著疫情結束、經濟復甦，這樣的民意支撐或將減弱。

美國黨爭已然緊張到族群之層級了，也就是說，白人也認為他們控制黨國能力已顯不足，白人因此而發動恢復白人至上運動，以取得控制政權之機會。歷史是沉默的，不代表這事沒發生過。唯有面對真相，才能治癒傷痛、「白人至上主義仍是美國迄今最致命之威脅」。這段話是拜登 2024 年 6 月 1 日在奧克拉荷馬州塔爾撒市（Tulsa, Oklahoma）所發表的演說，聲討「白人至上主義者」（White Supremacist）的不當行為。

「總統是唯一要為明日美國承擔行政責任的人」、「行事，寬恕他人，這是我對神和國家的契約」。這是美國第 29 任總統哈定（Warren Harding, 1921-1925）在 1921 年總統就職日的演說。身為共和黨員的哈定出身報界，曾任副總統及參議員。「美國的歷史為白人所書，也為白人所看，其不公不義是自然現象。後人是看不到真相的」，這段話是好萊塢巨星湯姆漢克 2021 年 6 月 4 日在《紐約時報》所發表的。這位深受影迷尊敬的演員，嚴厲批

評了白人至上主義者在美國橫行亂紀。

美國主要政黨雖僅有兩個，然而黨中有派，這也是避不了的現象。例如共和黨以川普為主，然而還有 Liz Cheney（父為 Dick Cheney，前副總統）這一派。如今二人水火不容。民主黨也是如此，例如拜登為建制派，而華倫參議員（Elizabeth Warren）則為自由左派，由此可見，美國大黨數目不變，然而這些派別可數也數不完。

自從 2020 大選年後，兩黨先後均發動輿論，批罵對方。走入「致命敵對」的關係。兩黨同樣選上中國作為第一號敵人。要將此政策化成力量，必須輿論與民意支持，這正是川普與拜登的拿手戲。民粹就成為共和民主兩黨不變之核心要點，無時不在地運用民粹攪亂了本是平穩的政治藍圖。

拜登的法寶就是高唱民主、自由口號，他在多次正式演說中痛斥川普，不給川普情面，因此也種下兩黨在 2022 結下解不開的樑子，雙方之黨爭加相互人身攻擊。因為 2022 期中選舉及 2024 大選年時，二人全力火拼，美國的分歧與分裂顯著呈列。

拜登自命是在維護「自由」與「民主」，然而他卻忘了美國

的「信條」（creed）不只僅有自由與民主，尚有「美國價值」這一條。如今拜登僅念念有道「自由與民主」，都未實踐美價值（value）而將「自由、民主」作為「國家利益」（national interest）。「自由」「民主」在拜登手中僅為口頭語，與川普之「美國再次偉大」（Make America Great Again, MAGA）均為口號，事實上，這些口號各有目的，如今拜登指點「MAGA」不對，忘了自己高唱「自由」「民主」之真正目的是什麼。

川普於 2017 年登基後，即對民主黨採取不合作主義，是凡前任歐巴馬之政策幾乎一概去之。並且違背傳統對歐巴馬諸般不敬。兩黨之間已無同僚之情。拜登上台，就以污辱川普為其國內第一要事，尖酸惡評川普之用詞太過刻薄，雙方關係已成水火。

他們二人在相互對罵時之語句帶刺，都忘記傳統信念（creed）及「美國價值」（American Value），只看到美國利益（American Interest），也就是說二人今日腦中治國之道已無靈魂（soul）而只有現實（realist），雙方已無法溝通（excommunicated），自然形成了極端爭鬥之現象，黨爭已升級到「極致黨爭」（Hyper Partisan）。

事實上雙方均因互鬥而受傷受創（damage done is done），

網路更扮演了一個攪亂的工具，在系統化規則（algorithms）的運作下，坊間出現了不少的網路專家（1450），借機灑鹽，社會更形混亂。人人都感到在「替天行道」（Manifest Destiny），其實在謀利爭權，美國分裂已是事實，只是幅度大小而已。

就共和黨而言，黨機器「共和黨全國委員會」（Republican National Committee）共有168位成員，共同主席之一即川普之二媳婦Lara Trump。川普在2020大選年時，遭遇到黨內部分建制派之評論，這一小群反對者成立小組織以進行抗爭，可惜均未能成事，也就是說，今日之共和黨儘在川普手中。這也促成他在2024大選贏得最後的勝利。

川普為了勝選，在政見上漸走向「便民」，對墮胎問題之口氣也大為放寬，期盼取得婦女選民支持。為了爭取選票，在最後一刻改變政見是有例可循的。川普終於了解到婦女票的關鍵性。他參選以來，一直重視「聯合」（Unity）重要性，尤其聯合婦女確是最重要之一環。

美國人昔日注重「價值」（Value）及「美式心態」（American Minds），然而人們卻在過去半個世紀中放棄了「文化相對主義」（Cultural Relativism）。於是人們對價值觀做了修正，最終

則傷害了原有崇信文化之信念。美國人緊抱個人主義、享樂主義（hedonism）以及民主教條，轉而忘卻團體榮耀（collectivism），以及「領導尊嚴」（authoritarications），這種態度多顯露在民主黨青年們身上。

年輕朋友們漸漸的將自己與社會之關係用「I」代表「i」，這就是「I Society」之由來，也顯露出今日美國青少年以自己為重，而不重視「重生社會」（We Society），人人於是均有「本位主義」（Individualism）的思維。這些青少年多為民主黨黨員。

早在 2016 年大選時，共和黨參選人川普即高舉黨意十分濃厚之戰旗向民主黨挑戰，自此雙方即深挖戰壕、廣徵糧草，從事此一曠日廢時之對戰。然而就事實而言，民主黨早年所倡行之「政治正確」，才是這場無盡無休之文化戰之倡行者，稱這「政治正確」就是美式文革。說實話，這個說法也有其道理。

民主黨在文鬥這樁事而言，國情站在有利方面。其一，民主黨人多，也就是說依黨員人數看，民主黨就是以人多勢眾為特點，這之中黨員受過大學教育者較多，因此報章雜誌之持有者及從業之文化人，也較共和黨為多。如以新聞為重之新聞界，則民主黨有影響者，如 CNN、New York Times 等多類。而純然右派保守

新聞單位，如 Fox、 Washington Times 則數目少矣。就此而論，則美大選時期就可知民主黨在文化界之潛力了。民主黨真正地達到「政治是文化之延長」（Politics is Downstream Culture），達到了文化鬥爭是當代美國之重大社會特徵。

當人們沉醉於黨派文化戰時，大學生扮演了主力角色之地位，他們構成了美式文化鬥爭之基石，從而成為社會不安之引導者。有的大學生自認為 Liberal-Democrats，更前進的則自認為是 Liberal-Liberal Democrats。時至今日，美國人逐漸對政治上和他們意見不同之人之間，因而有了某種程度之敵意，這也成為近10年來美國有這麼一股邪風之狀態，而有了威脅性之敵意，並逐漸失控（Politics are spring out of control）。

大學校園不幸地成為「政治正確」最活躍的場所，學生們或有出格的作為，只要扛著「政治正確」這塊招牌，就可掀起一場或大或小之風波（Politics of Outrage）。這種鬥爭假如再深層發展下去，則有一天就會成為「政治暴力」問題（Political Violence）。這種趨勢最終使得「恨文化」（Hate Culture）再度浮上社會層面，而撕裂社會祥和之面貌。

一般而言，兩黨中均有若干激進份子刻意挑起雙方之矛盾，

發動兩黨鬥爭，深植兩黨恨意。這種充滿恨意之論說，成為兩黨政治運動之一環，雙方遂帶動人們走向鬥爭之境地。

曾幾何時，世界霸主美國不再享有冷戰結束時的萬世豪情，反而對中、俄等國國力日昇而有所警惕。擔心有朝一日這世界上再出現一個不是特別友好的「地緣戰略體」（geostrategic alliance）。當然會對國際局勢投以萬分的注意。然而真正令美國當前茫茫的則是國內的四處狼煙，社會分歧。

這是因為當今美國人不再似古早時和衷共融努力國事，美國在過去努力以為的「融合政策」（melting pot）並未全然成功。相反的族群間掀起了一波波的對抗。人與人之間缺乏互信，黨與黨更已進入赤膊戰，美國今日已進入社會分歧，民主破碎的時期，這也是對美國最大的挑戰。

政黨之間在以往會互留空間，以作為相互因應國事，如今雙方間只有對抗。國會同僚不再和氣地約談政事（issue），都只會相互指責、污辱。對抗、爭鬥已是國會中習見之場面。雙方互灑髒水，致命性地敵對，絕不留與對方一寸空間。同僚間只剩鬥爭，造成互傷（Colateral Damages），社會也因而失去章法，形成一個「分歧社會」（Disunion Society），對社會重大問題均各有意見，

雙方拒不妥協，無心聽取對方之意見，這使得社會更為分離。

在這樣子的一個情況下，人們不可避免地極力尋求「哥們」以為助力，而產生「加盟入伙」（self-identification），使得自己不再孤單，而有人相挺。而這些友人均與自己生活在「同溫層」的自家人（like-minded people），分歧社會就此成型。2020年是美國社會分歧元年，這一年多個民調如PEW等顯出約有60%的選民認為美國已是一個分裂的大地（Landscaping of a Polarized America）。人們深感不安（stressed and frustrating），有些人也因而得了失眠等文明病，變成易怒、嫉妒等，他們多在問「美國真會有內戰嗎？」

根據美國CNN記者Yaffa Fredenick在2022所做之特別報導中，人們為避免遇到鄰居是敵黨的，寧可趕快搬家，正所謂「保持距離，以策安全」。人們也會關心下一代的友人家庭背景，當然最好不是敵黨的下一代，這種在往日不可能發生的現象，今日卻時所聞，可見這時代真跟以前不一樣。

這種不正常的歧視已成為「新常態」（New Normal），而這種對待他黨人的方式就是一種「黨際鬥爭」（Partisan Politics）。人們正構築小圈圈，將自己圍在圓圈中，而成為「孤立之族群」

（isolating among political tribes）。他們生怕變成孤家寡人，沒有「哥們」的「落單者」（exhausted minority）。

媒體有時也會藉機為兩黨的「黨爭加料」（accentuated partisan），黨爭遂日以繼夜運行各地。再加上網路等電子傳播，例如 CNN、FOX，甚至 Facebook 等均有影響，當然政府要負起社會動亂最大的責任。

今天美國遇到頂頭風，識者稱此時之美國是「分歧的社會」（Disunion Society）是有所本的。因為各州事不統一，與聯邦政府時有矛盾。因此可以說今日之所以社會如此分裂，當政者應負最大責任。

例如哈佛大學名教授米爾斯湯漢默（John Mearsheimer）（著有 Israel Lobby and U.S. Foreign Policy 等名書），當其在芝加哥大學任教時，曾為文批評烏克蘭，他的客觀立場卻引起該校學生抗議，要求學校解聘，這就是民粹主義之顯現。這是因為拜登多次在正式講演中痛責俄羅斯，這種無學術研究，僅係政治口號文宣將俄國痛加抨擊，以致美國青年完全忘了美國是一個言論自由的國家，如今為了迎合拜登而失掉獨立學術精神，是一大缺失。

俄烏開戰後，美國即以烏為代理人，從事一場「代理人戰爭」（proxy war），華府下令美資企業退出俄國，這種作法就是以政治手法破壞「全球主義」（Globalization），應予譴責。由此以證美國為求戰爭勝利就會破壞世界貿易通則。而在如此一個經常以雙標治國的體制下，美國政策也就自相矛盾。人們就會感到壓力，於是就產生了自以為是之「抗議文化」（Adversary Culture）。久而久之，人們不滿之處日有增加而發生不平之鳴的抗議（discontents of life in a different society），社會分歧就此呈現。

這一連串政府與人民間的矛盾浪潮起於川普時期，他在2019年7月4日美國國慶時，打破傳統，倡言要發展軍事，此一突來之驚人之語引來社會不安，因為提高軍事預算，就是備戰，美國人甫經伊拉克、阿富汗二勞民傷財之長期戰爭後，對戰爭了無興趣。川普則配合軍事發展誇張地製作了不少的美國標語，例如「美國再偉大」（Make America Great Again, MAGA）等口號，由此也挑起了民主黨的反擊，「文化之爭」（culture war）由而開始。歐巴馬之「新進步主義」退縮，川普之「新軍武主義」登台，自此民不得安。

雖然美國今日已是世界霸主（hegemony），號令四方，軍力

飄揚。自 1945 二戰結束後端坐首席，無國能及，可說是 1776 建國以來最盛之時，然而就國內政情以觀，則問題重重，混然不像一個領袖群倫之大國，自川普至拜登似已放棄國內之治理，全神放在反中抗中政策上。事實上美國已發生社會分歧，民主破碎之現象。

| 第三章 |

華府北京
「大對抗」

摘要

當代之美中關係始於1972年之「上海公報」,及後雙方經過「交往」、「競爭」、「對抗」,至今日之「全面對抗」(Total Confrontation)。不過,川普再度入主白宮後,美中雙邊關係似乎不再那麼地劍拔弩張,然而卻充滿挑戰與激變(Challenge and Turbulence)。

回顧歷史,冷戰結束後,美國的對中政策以交往為主,圍堵為次,自柯林頓政府至小布希政府,甚至在歐巴馬政府時代皆然。在歐巴馬政府時期,因應中共的強勢行為,推出了「重返亞太、再平衡」政策,維持美國在亞太區域的領導地位,但仍希望在經濟與氣候變遷等議題上持續與中共合作。

值得注意的是,最新的美國民調顯示出,約有70%之民眾對中國有敵意,這一現象歷久未變,可以說是橫亙在雙

方人民之間的一座高牆,這種敵意甚至已轉化成恨意,完全沒有與中國交朋友之願望。即使川普上台改變政策,恐怕也很難化解根深蒂固的「恨文化」。

拜登在為期四年任期中(2021至2024),不但未提供足夠之友誼誘因,甚至對中國不斷強加制裁,這就是雙方關係不彰之真正原因。如今,在川普領導之下,美中當不致如當年般持續惡化,然而卻不易走向友好關係,亦有亟待克服的困難。

展望未來,美中將在三項交往基石上互動,這三項基礎是為:「合作、競爭與對立」。理論上說,美中雙方應多合作、少對立,方可減少雙方之摩擦與不和。

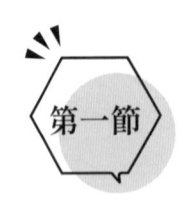

第一節　川普外交政策之理念及實踐

　　川普在首任總統期間，內政方策只有一個準則，就是否定所有歐巴馬政府政策，凡歐巴馬支持者皆反之，而當年抨擊歐巴馬者則均成川粉。川普的外交方策引起國際間「一致」反對。就連韓國也因美方要求增長「保護費」50億美元而起了大爭執。日本則在脅迫下與川普訂了不平等貿易協定。他在歐盟集團圈中幾乎沒有朋友，只有盟邦。與中、俄、伊、朝等國對立。川普是個生意人，拿出建房、炒房心態訂出一套套損人不利己之外交政策。他的政策理念及實施，均與傳統外交方式不同，實有瞭解研析之必要。因美國就是當今世上唯一世界霸主（Hegemony）。

　　川普之外交政策對國際局勢影響至大，他個人的外交理念是即興式（instinct）、冒進式、突發式、變換式。在他領導下，美國外交政策在質的方面有極大之變換，他的個人式外交與過往美國總統是不一樣的。他用人以忠誠為主。當然就不會倚賴幕僚之意見，於是就成為「川記一言堂」。這種獨斷式外交政策當然會產生許多後遺症，問題是川普根本就不甩下屬的建議，「一言堂」的主人就是川普。

美國不但扮演了「世界警察」，也同時是「世界法官」，川普退出一些國際組織，根本不在乎美國價值在國際社會中之重要性。這種說走就走的戰略究竟對世界有何影響，川普腦中的世界是何種模樣？他到底要將國際社會帶向何方？（川普 2025 年 1 月 20 日再度入主白宮後兩天，即下令美國退出世界衛生組織 [WHO]，理由是他認為世衛處理 COVID-19 疫情與其他國際衛生危機不當。不過幾天後又表示考慮是否要重新加入。）

世人皆曰 19 世紀是英國人的，20 世紀是美國人的，這話再正確不過了。讀了近世世界史，方知美國已在這世界上當了近百年的霸主（1941-2041），難道真會成為百年世界霸權嗎？再看看現在及未來，就會同意這一說法了。保險的說，就是美國這百年霸主是當定了。假定真是如此，則應先看看歷史文獻，找出美國究竟在那一年，或則那一天當上了世界霸主？

最普遍的一個說法是 1945 年二戰結束時，這一說法為世人接受，是因一個時代結束，一個新的世代開始。筆者竊以為事實上並非如此，人們如此這般地這樣認為，純以二戰結束為標的，翻翻二戰史，尤其是英、美有關部分，就發現這一重要之年份是 1941 年，然而卻應再看看有無另外一個時日在歷史上更有其非凡

的意義。因為這一年年底之珍珠港事件，美國參加了第二次大戰。

這一時間點就是在1940年的9月，羅斯福總統與英國簽訂「驅逐艦交換基地（destroyers-for-bases deal）」協定。邱吉爾再三請求羅斯福支援其海軍抵抗德軍所控制英倫海峽。因為德國狂轟英國補給船，故須有強大海軍以支援英國商船航行，羅遂以「行政命令」方式批准與英簽訂此極具意義之美英協定。而英遂得以「借」的方式得此船隊。

此一行動等於美國之「事實」參與歐戰。根據正式外交文獻，美國在1941年3月，國會兩院先後通過對德正式宣戰。1941年12月7日珍珠港事變後，正式對日宣戰，綜上所述，可知美國遠在1940年9月就實質上參與歐戰，其實力已遠超英國，成為真正的超強。從此一步就登上世界霸權之平台。

從1941年至今85年，離100年還差15年。衡量當前世界上還有一個強權，那就是中國。也許再過15年中國已在GDP上超越美國，然而在國力及軟實力上卻很難就此定為一尊，因為要當世界一哥得具備多重條件。15年轉瞬即到，環顧宇內，中國可能威脅到美國領導地位，然而卻不易取而代之。也就是說美國在2041年仍端坐世界霸主之寶座。

儘管美國之霸權寶座在可預見的未來是不可動搖的，然而卻在很多方面顯出無耐力。如對朝、伊政策仍不清不楚，究以胡蘿蔔為主，還是以大棒為主，川普在第一任期內仍拿不定主意。川普的外交理念是對每一個盟友視作對手，對非盟友則視為對敵。如川普視中國就是敵手，在這樣一個狀態下，他的外交理念就是「美國利益」，這也成為他的外交主要理念，就是維持「單邊主義」。

在政治上如此認為，就引起他國對美國的檢視，發現美國一意推廣自由主義，而率先廢死刑、大麻合法等生活方式的北歐國家，由而引起甚多美國較為傳統人士之側視。也就是說，美國一意推廣美式生活，也將「美國價值觀」推向世界，如美國及西方世界法律極為寬待販賣毒品者，然而在其他很多國家，如泰、菲、印尼等國均對販毒處以重刑。

也就在這樣一種壓力下，川普瞭然美國不宜將自己之生活型式強力推展海外，也就是說，美不應繼續要求他國之社會型態美國化，這些想法就直接影響到川普在外交上之作法。簡單來說，川普不再與他國強調人權問題，因為這是一個國家對價值觀認同問題，沒有必要難為他國，引起不需要之矛盾。川普反中、反伊，

卻不曾將人權當作外交武器，這一點與民主黨之作法確有不同。川普在外交上重視利害關係，將人權放在不重要的地方。

川普無意在外交上放塊人權大磚頭來壓自己。他會在「美國利益」上加強對他國施壓，以獲取真正的利益。川普不在意國際化美式價值觀，而在意是否可獲得利益。

現實的美國價值與利益

川普來自商人家庭，所信奉是錢、錢、錢。因此他在「美國價值」與「美國利益」中當然選擇「美國利益」。從川普言談中得知他採行「現實的期待」，顯然不作空想。他不在乎美式世界秩序是否可永垂不朽，他在乎是否有利可圖。例如他突然要收回巴拿馬運河，併加拿大為第 51 州等，就是最好的例子。

川普的這些構想直接影響到其外交政策，他重視的是「消極化世界秩序」。在這種思維下，川普放棄了維護西方基督教文化至上的必要，也就是完全脫離維護西方價值觀念之「幻念」，而採用現實式外交方策。

川普認為，美國不應再以世界道德維護者自居，強迫他國也採取美式民主。他認為這種作法，不但引起國際矛盾、摩擦，也

會製造區域間之鬥爭,如他從未認真地要求朝、伊等國改善人權,因他知道不可能對他國既作政治又作人權上要求。川普多次批評歐巴馬在人權問題上對某些國家持續施壓,是不符美國利益的。川普對俄羅斯有好感,是人人都看得到的。他曾在莫斯科主辦過世界小姐選舉,與俄有直接生意上來往,由此推論他為何親俄就很清楚了。

有鑑於惡質之選戰,名政論家厄倫哈夫特(Allan Ehrenhaft)多年前曾寫了一本道盡現代美式民主的官場現形記,介紹這類假民主之名而行欺騙之實的紀錄。書名《美國野心:政客、權力及追求公器》(U.S. Ambition: Politicians, Power and the Pursuit of Office),此書1992年由蘭燈書局出版。作者於該書第五頁這樣寫著,「選舉時之政客,猶如餐館服務生,客人就是選票」。而川普就是名最成功之服務生。

在說明川普之對俄政策前,應先提一提當年尼克森「開放中國」政策之來由,在1968年尼克森競選總統時,懍於社會反越戰風氣日盛一日,乃急思與中國妥協,而早日從越戰中脫身。另外一個大目標是實施「聯中抗蘇」政策,作為「平衡外交」政策之起手式。

在這樣子的一個外交框架下，今日川普對俄採取「和平」政策。川普此一概念來自某些俄羅斯專家之報告，例如政論家羅斯菲（Steven Rosefield）之專書，克里米亞被吞併後西方與俄羅斯關係轉壞，作者就認為美應與俄取得共識維持「和平」，因為「冷戰」對世局是有傷害性的。

川普對中政策以二條基線組成，其一是多層次。美中對立成形，相互較勁，令人注目的是，在後冷戰時代，美方對中國所作之全方位之對立，筆者名之為「大對抗」（Comprehensive Confrontation），這就是第二道基線。

川普 2017 年元月 20 日上任後，逕自對華發動貿易戰，殊不知此一激戰僅是鬥爭之一，真正的目的是阻止中國繼續上升。於是科技戰就成為雙方真正較勁之主要項目，華府深知北京方面在 2001 年 9・11 事件後埋頭努力提升國力，然而卻未料到中國現代化進程快的出奇，自從 2010 年國內生產毛額（GDP）一躍而為第二名後，更是快馬加鞭，不但在軍力、經濟方面向前，也在海外戮力推廣「孔子學院」。這些成就均為美方所注意，因此「阻擋」（Containment）政策才成為今日美國對華之主要準則。

這一方針可用一句口號形容，即「制約敵人，強大自己」

（restrain a rival and preserve access），很明顯地可看出今日美對華態度就是「胡蘿蔔」不出現。此即美式「大棍子制約政策」（Stick Containment），直接跳過「軟性」而搬出「大棍子」。北京認識到一個現象，即當前貿易戰或有程度上之妥協，其對中敵對政策是不會改的。

川普並未就此訂下時間表，因為「制約中國」已是國策，未竟之前，是不可能收工的。於是就捏著北京政府繼續使力，是一場沒日沒夜的長期鬥爭。問題在中國也不是省油的燈，不可能因為華府諸般武器就動彈不得。雖然不太可能予以巨大反擊，然而亦不會就此丟盔卸甲，落荒而逃。因此筆者乃稱此一鬥爭為「曠時之爭」（long term fight）。美方的底線是「鬥爭」（fight）可以，卻絕不可真的「陷入戰爭」之漩渦（Stumble into War）。

在此政策指導原則下，美國將持續巡弋南海，然而卻絕不開第一槍。一定僅以「刷」存在感為目的，不讓北京認為可用武力將美海軍趕出此一海域。就國際環境以觀，美國的小弟日本可在南海擔負美之側翼工作，以穩住美軍在此區域活動的安全。

就維持美國在東亞之影響力，美或將加強與東協諸國合作，擴大中國與此地區諸國之矛盾，因此之故，華府有可能加力尋找

中國在此地區缺漏之處。如加強菲律賓對黃岩島之主權堅持，藉以分裂中菲關係。總體而言，華府將更加努力地修建其與東亞諸國之夥伴關係，而明確地對中全面鬥爭。

川普之商人性格

　　川普總統第一任期內的外交政策似無實有。他的自傲、善變、粗魯、無情等個性將他塑造成一個大老粗、暴發戶、投機者的形象。實際上他胸中仍有一套套盤算，他也有其整套理論及辦法。你可以看不起他，從早到晚罵他，然而他在外交上仍有一些不得不令人另眼相看的地方。

　　他的對外工作建基於下述幾個關鍵：第一就是敵人可以多，主要敵人一個就夠了，就當前的世局，這主要敵人就是中國，於是俄、伊、朝等國就是一般敵人，而中國才是主力攻擊的對象。況且俄羅斯總統普丁與川普互看順眼，了無敵意。對伊、朝點到為止，這也就是為何金正恩肆意以為。

　　第二則是對敵人應以武力為後盾，施壓再施壓，然而卻不可貿然「戰爭」，就是 fight（鬥）可以，war（戰）不行。換句話說就是以「守勢對抗武力」。也就是外交上可以鬥，而且要多多

的鬥，可是不能破。

　　第三是支援友好國家，不必強加「美式民主」在他人頭上，這「友好」也可說成「有利」。如此則可減少一些不必要之紛爭，也就是只要對美國有利，對方是個民主或是獨裁國家就不必在意了。

　　第四是美國不必既作國際警察又作國際法官，是以對某些國際組織就應審視是否應續參加。川普之意思很簡單，那就是拒作龍頭，卻不放棄對某些國際組織之影響力，如退出聯合國文教理事會，如此一來省卻日常繁雜任務，卻不放棄影響他國有關事項之運作，也省了會費。

　　第五項原則是於國際爭端時，退出對己有利，保留撤走空間，以免為他國繼續消費，即國際責任之維持歸他國，美國政策以利為導向，如有傷美國利益，則應不計國家聲譽單方面退出。留下的問題由他國解決，如退出《巴黎氣候協定》（Paris Climate Agreement），採用了「退出之機會策略」（exit strategy）即為一例。

　　若說美國總統與世界應有之關係，下面這句話恰中要點：

「美國總統應該運用其國力及理念，與世界共同對抗挑戰以建構理想的國際社會」。然而川普却不此之為，單人獨騎扮演「Lone Ranger」（獨行俠），在此一美國家喻戶曉的兒童故事中，尚有一位印地安隨從。（此故事曾拍成電影，著名演員強尼戴普（Johnny Depp）就演此隨從）。

從川普之行事範例上，可以瞭解到他是一個具有變化性之商人性格。然而從過去觀察中，就發現川普不是一個標準的商人，因為商人首重信用，再求變化。總而言之，重大問題還是應有適應性的。事實上，他的適應性不大，獨傲的改變却成為他血液中最重要的成份。一般國家領導如此作，僅限於對國內或某一區域，然而美國不是一般國家。從 1945 始，美國就是世界強權，在 1945~1990 的 45 年間與蘇聯共治世界，製造了冷戰。自 1990 年迄今更成為獨霸全球之單極超強。美國的重大國際政策，不僅影響到週邊國家，甚至廣及整個地球村。川普 2017 上任後退出「巴黎氣候協定」是將「川普」地震傳給全世界。

自從川普於 2017 年 6 月 10 日公開否定了「巴黎氣候協定」後，各國政府及民間群起不滿，很自然地發現美國自滿於「美國第一」、「美國利益」之口號中。却忘却了領導世界之重責大任，

這對多數開發中國家而言，確是件大條的事。

美國在二戰將終時，即以世界領頭羊之姿態為未來世界秩序畫好了藍圖。自 1945 年以來，先是受到了蘇聯共產國際之挑戰，然而在 1990 年蘇聯集團解體後，美國就獨領風騷，成為單極超強。在後冷戰時期未受到任何國家之挑戰，然而川普却企圖支解這一基礎堅實之美製世界秩序，世人反應未及，餘驚留存之餘，也要面對現實，找出自救方案。

第二節 「反中、反華」之「雙反」運動

美中是否終將一戰是一個選擇題,戰或不戰均可找到基礎紮實的說法。然而這一類猜測題離真實狀況太遠了。比較可以看到的是中美關係將如何走下去。當新興大國威脅到既有強權,雙方定有摩擦。不過在雙方均擁有核武之時,「恐怖平衡」就是定海神針,雙方為維護世界文明,當然就會以維持和平為首要之道。

因此可以說,川普的世界觀是多元的,是會生變的。他沒有睦鄰政策,他與鄰國加拿大及墨西哥均有爭執。川普雖然與歐盟沒有當年友好,卻還保持和平相處的態勢,然而卻缺少誠意,不復見過去美國歷屆總統與英、德、法領袖兄弟般的感情。如果將他和中國的關係拿來仔細觀察,則發現雙方關係更有波動。

事實上,2016年期中選舉時,川普就以中國為假想敵。主因在美方與中國貿易上大失血。因此認為中方以不當手段竊取美國財富,迫使大批美國工人失業。在如此羅織下,中國成了罪犯,美國將予以處罰。他這些視中為敵之言論也確實得到一些選票。是以當其上台後,也就順著這一攻擊性言論對中國沒有好話。到2017年春末,川普邀請習近平赴佛羅里達「海湖莊園」作客,他

小外孫女不但背唐詩,還唱了《茉莉花》。雙方關係似乎有了改變,美國也正式再確認「一中原則」。

川普上台後走「單極主義外交政策」,對傳統國際關係掀起重大改變。尤其視中國為主要敵手,結果引起兩國「全面交鋒」之「類冷戰」。川普的專權充分顯出他的自傲及自戀。他以多種威脅、恐嚇手段欲「遏止」中國崛起。

為「遏止」中國持續崛起,川普之「反中」、「反華」之「雙反」運動成為美國「政治正確」之重磅核心。中美關係「回不去了」,早已瀕臨「攤牌時刻」,步向「全面交鋒」。可以說,中美關係已跌到1979年元月建交以來之最低點,甚至有降級之勢。

中美自1979年元月建交後,即積極文教交流,留美學生逐年連連增加,成為留美最多之外籍生。川普主政後將中國列為「戰略敵手」,自此雙方關係改變,幾乎到撕破臉的地步。

中美文教交流關係名存實亡。在這樣子的政治生態中,美國大學雖然為了學費非常歡迎大陸的學生,然而卻不得不聽從川普,大幅減少大陸留學生之入學許可證。也許有人拿到入學許可,卻申請不到簽證。即使有簽證,到了美國海關也可能沒有任何解

釋就原地遣返。

不計代價阻止「中國崛起」

更多的是在學的學生因假期返鄉探親,再入美時,卻遭遣返。主修生化、電機、物理等學科學生更成為首批被勒令停學返華的學生。川普 2017 初上任後,美國有關單位即大力展開控訴部分中國留學生有偷竊研究成果行為。在這一波波的調查後,也對某些華裔研究人員起訴、判刑。大陸學術界控訴此為「獵巫」行為。另外,美國也片面取消行之多年之「孔子學院」計畫。這是由中國與美國之大學合作計畫,而今不復盛景,「孔子學院」在美已是歷史名詞。

外交理論學者海斯(Ryan Hass)一針見血的主張,美對華政策就是要全力阻止中國在國力上再為上昇。他說:「美國應不計代價,阻止中國崛起」。他也認為美國不可能改變中國之政治生態。著名中國通李侃如(Kenneth Lieberthal)則說中國將走自己的路。這幾位政治人物及學者均對中國存有戒心,而唯一因應之道就是儘早阻止中國國力上昇。川普因此對華採取有敵意政策,就不足為奇了。

另外還有些歐美人士對北京有著不同看法，其中一位是國際金融界名人歐尼爾（Jim O'Neill），他曾為美國「高盛集團」之首席經濟學者，在 2001 年創立 BRICS 一詞，自此「金磚」已成為國際間一個重要的名詞，今日金磚四國已增加到十國（BRICS）。

川普之對華發動世紀貿易戰其來有自，在 2017 年下半年即顯露出中美關係會有大的變化。因為在小布希總統時，由財政部長鮑爾森（Henry Paulson）一手策劃之「中美戰略經濟對話」自 2017 年後就停止不辦了。中美雙方尊重之「共擔」責任理念自此消失。雖然川普於 2017 年 11 月初赴京得了紅地毯招待。然而冬季甫過，川普就興起討華運動。英國前首相布萊爾（Tony Blair）在 2018 年 5 月 26 日 CNN 訪問對此有一個非常中肯的批評；他認為「全球主義遭到民粹主義挑戰，這種爭辯雖自 21 世紀初就有，不過今天美國卻更有鮮明之展現」。

美國必須遏制中國上升之一大原因是，中國在 2025 年將開始建構未來成為製造國，而達到「2025 計劃」。此計劃分三階段完成，2025 年是第一階段之元年，如不及早重創中國，則恐屆時北京將完成奠定 2025 基石，則再想遏制中國上升就很難了。

「中國製造 2025」之詞最早由已過世的李克強總理在 2012

年提出。他認為中國要在 2025 年完成提升資訊業及製造業的水平。第二階段則在 2035 年完成，在這一年中國要提升到先進國家之中等水準。第三階段則是 2049 年。北京之所以以 2049 年為第三階段之達成時間，其原因是中共於 1949 年建立人民政府，這是百年紀念的意思。而在這一年中國就應列於強國之林，換句話說就要與美、英、德、法等強國比肩，這就引起西方國家之注意。

第三節　川普與中國：鬥而不戰

　　川普於 2017 年 1 月 20 日入主白宮，並於當年 11 月 3 日開始他的中國之行，這是他就任總統後首次訪問亞洲。無可諱言，他的中國行受到注意。然而令人吃驚之事，是川普沒多久就惡評中國了。他在 2017 年 12 月 18 日根據「美國優先」政策發表「國家安全戰略報告」（National Security Strategy），極具挑戰性，稱中國為修正主義者（Revisionist），中美關係一日之間變成對敵。是年十一月方自華返美，一月後即翻臉。

　　川普主義（Trumpism）是一個複雜理念思維之結晶體。可分別視之，也可一體視之。其終極目的就是「利己排他」。事實上這就是時下所稱之「民主愛國主義」。這種概念與傳統上之國際化或「萬國主義」（Cosmopolitan）有區別。後者就是俗稱之「全球主義」，此一外交關係理念成為冷戰期間自由世界據以抗抵共產主義之平台。其貢獻自不可忽視，如以世俗眼光度之，則今日之世界秩序也就是在「全球主義」支持與導引下之產物。然而川普再登基即要根除此一認知，走向川式主義之途徑。

　　川普在對外關係上，常有「直覺」（Instinct）行為，這就是

他的特點。換句話說，川普之外交政策中最大的特點是他要求透過外交上之運作即刻達到「利己」之目的，是以川普要得到的外交果實是立即的，也是有形的，以現實利益為目的，而這也成為他的外交核心政策。

著名紐約大學政治學教授芮森（Stanley Renshon）就認為川普的心智仍在發展中，然而川普卻端坐廟堂之上，任何人也改變不了此一現象。另外一位專欄作家崔赫（David Van Drenle）更明白地指出，川普在公開場所講演時也不時顯出他是一個與眾不同的領袖。

他的過份自傲性格就是他今日稱霸全球之原動力，名記者華特斯（Barbara Walters）在2016年選戰期間詢問川普是否願意接受徵召當共和黨總統候選人。川普得意地說：「我寧願去打獵。」意謂他當總統就是靠選舉得來的，而他也在世界舞台上自信滿滿地扮演領袖的角色。

川普在外交政策上具有優勢，因為美國迄今仍是世界第一強國。在軍事、經濟、科研、金融均遙遙領先群雄。也就因此，他的外交政策就是在翻轉世界秩序，而這一秩序則是美國在二戰後一手建制塑造的。美國於二戰即將結束時，即自行召集民主國家

先於 1944 年之「布雷登森林」（Bretton Woods）國際會議，確立日後全球金融體系，又於 1945 年 2 月雅爾達密會史達林、邱吉爾，擬訂聯合國成立之方案。這兩個國際組織就此成為領導世界之平台。美國當然也就順理當上了領頭羊。然而 2017 年上任的川普政府，卻單方面大力抨擊聯合國與世界貿易組織等國際組織。

這一趨勢引導了一個新的世界秩序，即美國仍是世界第一，而不再有第二，多元化世界形勢只是一層好看之面紗。事實上，美國已用實力展現這世界只有他講了才算。

川普在 2017 年 11 月之中國行看到中國之潛實力，而強化其防中、抗中之念。川普在此行中最大的收獲當是與中國簽署採購清單，然而他的真正收獲將是親眼目睹中國之實力及特點，這對他未來制訂對華政策有著指標的作用。知名喬治華盛頓大學中國問題專家沈大偉（David Shambaugh）就說，今天中國還不夠稱為大國，不過確實是美國的競爭者。

美國長期的對中政策就是「交往」與「圍堵」並行策略，而在冷戰結束後，美國的對中政策顯然偏向以交往為主，圍堵為次，此自柯林頓政府至小布希政府，甚至在歐巴馬政府時代皆然。在歐巴馬政府時期，雖其因應中共的強勢行為，推出了「重返亞太、

再平衡」政策，維持美國在亞太區域的領導地位，仍希望在經濟與氣候變遷等議題上持續與中共合作。

歐巴馬時代，「兩強」（Chimerica）之說甚囂塵上，世界由中美共治幾成事實。「兩強」，又譯中美聯合體、中美經濟聯合體、中美共同體、中華美利堅等。「兩強」這個詞可以描述中國與美國之間的某種「關係」。在歐巴馬就職前，就有學界建議歐巴馬應「向西看」，趕快去北京促成中美「兩國峰會」（G2）。

在歐巴馬政府擔任國務卿的希拉蕊（Hillary Clinton），曾嚴厲批評中國劣跡斑斑的人權紀錄。在首次訪華的路上，希拉蕊則呼籲，中美兩國應「同舟共濟」，共同反對恐怖主義。

用「脆弱相連」及「同床異夢」來形容1979年以來之中美關係確實滿傳神的。前面這兩句來自喬治華盛頓大學國際關係學院教授何漢理（Harry Harding）之大作：《脆弱相連：1972年後之中美之間》及約翰霍普金斯大學中國研究主任藍普頓（David Lampton）之大作：《同床異夢：處理1989至2000年之中美外交》之中文版（香港大學於2003年出版）。（按藍普頓曾任推動中美關係主力之「美中關係全國委員會」主席）。

儘管 2014 年 11 月習近平、歐巴馬瀛台會傳遞與全世界中美哥倆好之訊息，然而雙方相異之處非常多，維持點狀式的合作沒有問題，然而卻還是不能全面相融。不過經此一會，雙方走進更新的腳色，這就確定了「對立」之「兩強」（G2）關係。

「兩強」一詞最早出現於 2010 年，當時由華府智庫主任貝斯登（Fred Bergsten）所提。該智庫以研究國際經濟為主。是以其研究對象也以此一範疇為主，目前中國是世界經濟體僅次美國者，故以之稱謂「兩強」就無所可議了。

時序為 2015 年春末，距歐巴馬第二任到期僅年餘。他在第一任與胡錦濤曾多次面談，均未引起世人注意。倒是與習近平之加州莊園會及北京瀛台會頗有成就。在中美關係史上自有其歷史地位。

歐巴馬所面對的中國突然成為世界強權，其與北京之關係複雜萬分，既合作又競爭。由於歐巴馬一直認為美國是一個太平洋國家，所以當然將對華關係視為最重要外交政策之一。也很快認識到中國不但已成為世界級經濟大國，並且也是美國依賴之重要外貿對象。

習歐兩人在 2013 年及 2014 年兩回深度會談,其重要性可以確定。以歐巴馬亟欲在第二任內奠定一個長期可行之對中政策,而有此兩次會議。相比胡歐之多次會議,習歐之莊園會及瀛台會則不論就方式及內涵均大不相同。因為習歐兩度會議不是為了形式化而會議,而是要從深談中解決兩國面對之主要問題,其意義及影響均有劃時代之重要性。

　　2009 年 1 月在美國充滿對伊拉克戰事厭倦的社會氛圍下,民主黨的歐巴馬以外交生手之姿接替執政期間力推新現實主義和單邊主義(unilateralism)的共和黨小布希政府。到了 2013 年歐巴馬連任後,白宮公佈新國家安全戰略,確立了「歐巴馬主義」(Obamaism)。經過近 7 年的實踐,「歐巴馬主義」逐漸成型,體現在重視美國與區域主要強權的對話約制,不排斥與不友好、甚至人權紀錄不佳的國家互動,同時較為著重聯合國際建制發揮集體制衡力量,或是至少透過集體協議阻斷部分國家對少數「邪惡國家」的暗中協助,分擔美國單一力量推持秩序的風險。其目的在確保美國國家安全以及對恐怖主義的有效壓制,同時促成美國在區域政經領導力量的永續鞏固。在此外交戰略之下,民主與人權的普世價值很現實地被擺在次要地位。

第四節　拜登與中國：競爭對立

　　半世紀的中美關係有時平靜，有時顛簸。然而卻無時無刻在尋思如何「收拾」對方，不僅要強大自己，更重要的是如何縮小對方的實力，或以致命手段，或拿出笑臉虛情，多年如此敵對手段將繼續下去。中美之間那飛來飛去的和平鴿已隨風而逝，剩下的空間將仍是一個無奈。

　　雙方均瞭然這太平洋雖大，然而也只能容納一個超強；中美雙方均無一個「老二」存在的位置。也就是說，今日兩強之爭，沒有和平空間，因為雙方均深信爭勝的世局中是不會允許「老二」存在的。2023 年 8 月 23 日，美日韓三國以「大衛營精神」為名之聯合公報，成為後冷戰時期美國專為對付某一國盟約之範本。

　　此盟約帶來後冷戰時期之「類冷戰」（Quasi Cold War），坊間或有「新冷戰」來代表後冷戰時期之國際動盪說法。然而當前冷戰形式非新舊問題，因為今日之冷戰規模根本不符「冷戰」之稱號，因此只能用「類冷戰」說明，因為「新舊」之分在時間不同，而不能說明「新」與「舊」有無分別之處。知名政學界權威奈伊（Joseph Nye）即反對用「新冷戰」之名，筆者同意這一

說法。他認為「冷戰」與「新冷戰」無從比起,是以不宜用「新冷戰」為名。

拜登(Joe Biden)登基與日韓合組亞太軍事同盟,美國利用本次約定堅定反對台灣問題搬上檯面,事實上這一系列聲明政治性很高,實際上這就是「亞太北約」的正式成立。拜登之外交重點即在「抗中」,「抗中」就成為他在亞洲唯一的重要政策。

美國對中國高科技發展十分擔心,然而又不願意負擔與中「脫鉤」之責任,是以就衍生出一個意義不明的說法──「脫險」。至此美國有了一個較完備之論述,那就是防止與中國高科技來往時產生風險。為了抵抗中國之高速成長,美國發起了全國實力運動。不但在軍事預算上每年均大幅增加,面對中國之上升,美國政學界領袖亦呼籲各界應重視軍力發展。

事實上,美國軍事預算在2024年已近九千億美元,若這樣子的比拚下去,很快將看到,軍備將達到每年一兆美元之標準。由是美國將成為一個超級軍武大國,就在同時期,中國之軍事年預算已過3,000億美元,從這一層面以觀,美國今日之要策就是發展武力,繼續作為第一軍事大國。

合作、競爭、對立

拜登在 2024 大選辯論會表現不佳備受批評，歷經同黨民主黨人士數週以來持續施壓，終於在 2024 年 7 月 21 日宣布退出總統大選，並表態支持副總統賀錦麗成為民主黨總統候選人，但賀錦麗最終仍敗於川普。回顧 2021 年拜登坐上大位後，即宣示其對華政策基於三個支柱，曰：合作、競爭與對立，綜觀其在總統任期間，所謂合作，盡為口號，並無任何實質表現。例如在 2021 年 12 月 13 日 Taipei Times 一篇 Climate Diplomacy Brings US and China Together 一文中認為，雙方可以精誠合作，事實是「非」也。雙方有口無實，美國旨在遏止中國崛起，不能與中國有任何重大實質合作，這是一個冷酷的事實。

至於競爭，中美雙方一直在競爭，事實上是全面激烈式的競爭。在此過程中，美國亦發現，中國在某些高科技或武器上居然有超前之跡象，由是加油猛追，雙方拼了，高低總有一天會有分曉的。

雙方關係最嚴重的一環是「對立」，當前之對立是「致命敵對」（Lethal Rivalry）。此類情況不但不可能減低雙方敵對之程度（dialed down the anti-China rhetoric），還會衍生出更多形式之敵對問題。政論家史帝芬斯（Bret Stephens）2021 年 10 月 27 日

即在紐時指明拜登不瞭解狀況，未能訂出有效之對華戰略方策。

中美自1979年元月正式建交46年的關係迄今遇到最大挑戰，因為雙方關係已掉到谷底。拜登更是加足馬力向中國挑戰，言詞辛辣連川普也不及。拜登打擊中國的一招就是「打群架」，他呼朋引類，團聚圍擊，在國際間以言詞困擾大陸，在動作上或暗或明傷害中國，成立了一個個的小團體，以求得最大功效，發揮「戰略擴張」之效力。如WASP（White Anglo-Saxon Protestents）聚合體。布林肯在2022年二月初即遠赴斐濟與18位南太平洋島國領袖相聚，以示聲援。另外與澳、日、印再成立「印太戰略」之四方會談（QUAD）。

拜登以為可就此孤立中國，然而也因此逼使中俄走得更近。自此地球上出現兩大勢力範圍，其一為美與歐盟等國，其二為中俄為首之另一集團，俄烏戰爭後尤然。事實上中俄走得如此近，對美國不是好消息，中俄近交也是美國逼出來的。如果此一現象持續下去，則雙方將以鬥爭為主題，世界和平會受到威脅。

拜登最為人抨擊之處在於其最後任職總統之一月，下令赦免死刑犯，以減少對其子杭特特赦之衝激。由此可見此人毫無原則，是美國總統行列中最無原則之徒。

| 第四章 |

中國威脅論

摘要

「中國威脅論」（China Threat）一經喊出，就有「中國是威脅者」之說法，對中美關係極其不利。從 2010 年開始，由於中國經濟成長驚人，美國自由派份子對華有戒心也有惡意，「中國威脅論」對破壞中美民間關係有很大的影響力，長期以來，此一論點也傷害到雙方合作之友誼。可以很保守的這樣說：「中國威脅論」是危害雙方關係之媒介，儘管這種說法對雙方關係是負面的。然而卻也風聲水起喧囂多年，其結果是損傷了雙方友誼，並且將中國之負面形象植入美國大眾之中，對雙方文化交流不僅無助，而是有害。

「中國威脅論」已成為反中說法之基石，帶給中國以負面影響，甚至也傷害到中國文化及人文價值。在美國人心目中，由是也有了排斥中國文化、遠離人民團體，以求真正達到孤立中國人之目的。

川普總統的第 2 任期 2025 年 1 月 20 日正式展開。國務卿盧比歐（Marco Rubio）也於上任首日，與澳洲、印度及日本外長舉行新政府首場「四方安全對話」（Quad）會議，討論未來的合作及計畫。4 國強調將繼續維護國際法、經濟機會、印太地區的和平及穩定，並「強烈反對任何試圖以武力或脅迫手段改變現狀的單邊行動」，這些動作顯然是針對中國而來，由是也散播了「中國威脅論」。

第一節　恨文化：美中關係惡化之始

2020年11月19日，美國媒體報導了一則駭人聽聞的大新聞，要點是「官兵殺人比賽，澳洲駐防軍隊濫殺當地平民，英、美阿兵哥也都有份」。人們才知道這些人權國家派至阿富汗的官兵，幹了虐殺平民的勾當。

這些軍人為了娛樂而殺人，與日軍在中國「千人斬」的目的相同。他們不僅殺人，還為了殺人組織了「殺戮小組」。殺人後切下部分屍體照相以為紀念，或帶走部分人體作為收藏物，或將武器與屍體合照，以證明這是戰爭火拼後殺敵的證明。

這些不良大兵在2013至2017年先後受到審判，其中美軍不是當庭放走，就是輕判。英國審判亦復如此。澳洲審判時，一名士兵在多次問訊後被判輕刑，但澳國防司令嚴斥「這是澳洲軍史上最無恥之篇章」，總理也向阿國正式道歉。此皆白人種族歧視者之非法行為。

在川普第一次主政期間無厘頭的治政下，美國行政部門鬆散不堪，對白人至上種族歧視者尤其寬容，其結果讓亞洲移民遭到

莫名其妙的攻擊。就事論事，歧視及打罵亞裔就是白人至上主義者的種族歧視。這種不正常的行止在新大陸不斷出現，白人統治者拒絕承認，然而事實不會因此而不存在。

美國民調公司皮尤（PEW），在 2021 年終調查美國人如何看待中國，結果就令人震驚，有七成美國人對中國人及中國沒有好感；到了 2024 年 5 月 1 日公布的民調則顯示，約有 8 成美國人連續第 5 年對中國持負面看法。可見自 1979 年中美建交以來，中美民間關係已降到最低點，主要是因為川普在第一任期內扛著反中大旗，惡化兩國關係所導致。

川普總統的第 2 任期 2025 年 1 月 20 日正式展開，國務卿盧比歐（Marco Rubio）也於上任首日，與澳洲、印度及日本外長舉行新政府首場「四方安全對話」（Quad）會議，討論未來的合作及計畫。四國強調將繼續維護國際法、經濟機會、印太地區的和平及穩定，並「強烈反對任何試圖以武力或脅迫手段改變現狀的單邊行動」，顯然是針對中國而來。

四國也重申將致力強化自由開放印太區域的承諾，維護並捍衛印太法治、民主價值、主權及領土的完整。他們強烈反對「任何試圖以武力或脅迫手段改變現狀的單邊行動」，明顯說的就是

中國。這次會議顯示，川普政府將繼續 Quad 框架，視應對中國挑戰為優先議題，並強調促進美國國家利益。

另一方面，川普任命的國防部長赫格塞斯（Pete Hegseth）也視中國為「最主要」外國威脅。並強調會倡議川普交接團隊主張的「以實力促和平」政策。值得注意的是，赫格塞斯 2025 年 1 月 6 日提交一份書面答詢，對兩岸議題的政策立場有較完整的表述。赫格塞斯說，中國是美國國安所面臨最全面、最嚴峻的挑戰。他當時承諾將積極加強美國在印太地區的部署，以遏制中共咄咄逼人的行為。

至於川普提名聯邦眾議員瓦爾茲（Mike Waltz）出任白宮國家安全顧問也值得關注。瓦爾茲在公開演講曾指出，台灣在先進晶片與世界貿易地位所處形勢極為重大，即使中國解放軍數量超越美國，美國的軍事力量必須準備好。

瓦爾茲獲任命前於雷根基金會（Reagan Foundation）公開演講中，針對當前美中情況即指出，中國國家主席習近平公開討論美國已經走下坡，要取代美國成為全球領袖，並認為西方價值也走下坡，卻想要用極權科技監控取代，掌控的第一步是西藏，下一步是香港，再來是台灣。

美國中央情報局（CIA）局長雷克里夫（John Ratcliffe）也公開表示，CIA必須加強關注中共構成的威脅。雷克里夫表示CIA必須「持續並加強關注中國及其執政黨中國共產黨所構成的威脅」。雷克里夫是川普多年的忠實盟友，他擔任國家情報總監時曾強調，「中國是二戰以來對全球民主自由的最大威脅」。

川普任命經濟學家納瓦羅（Peter Navarro）為高級貿易暨製造顧問，更是反共、衰中、抗中、恨中之鷹派大將。納瓦羅曾在川普第一任期擔任白宮貿易顧問，著有「致命中國：中共赤龍對人類社會的危害」（Death by China: Confronting the Dragon A Global Call to Action）一書。他在著作中指出，中國操控貨幣和濫用貿易政策，傷害美國，主張美國要對中國祭出高關稅制裁。這些立場極度反中的川普策士，無疑將為根深蒂固的「恨文化」添加柴火。

「美式世界秩序」

1950年韓戰爆發後，美國稱中國「共產中國」或「共產黨」，1979年中美建交後，美國稱中國為「中國」，但川普在2019年又恢復稱「共產中國」。這喚起美國人對「共產中國」的恨意，「共產黨」一字代表了「韓戰」及「越戰」，而兩場戰爭美國都吃了

敗戰，對「共產黨」的恨意成為反對「共產中國」的現象。這一反中、抗中、恨中趨勢，是不易清洗乾淨的。本節旨在說明美國人當前反中行動之源頭，詳述這「恨」從何而來，以期了解這種現象生成之背景。

美國在二戰結束後有了帶領世界之豪念，「美式世界秩序」（American Way of World Order），自此成為一家之言。奈伊（Joseph Samuel Nye, Jr.）之名著就以 Bound to Lead 為書名；自認為美國是世界領袖，不需要第二把交椅，世人只需要一位領袖，沒有老二存在之空間。因為老二有朝一日要搶「霸主」（Hegemony）之地位。

就在這樣子的思維下，美國愛國之士群起攻擊中國，發動抵抗「中國威脅」（China Threat）之運動。而中國政府體制之基礎就是共產主義，共產主義正是資本主義之天敵。

美軍在亞洲從事的兩場戰爭，是為 1950 至 1953 年之韓戰，與 1963 到 1973 年之越戰。兩場戰爭美軍均以兵敗收場（美軍死亡：韓戰 33000 人，越戰 58220 人）。問題是這兩場對敵者均係共產黨。這兩場戰爭所花之金錢更是天文數字，重要的是越戰更引起文化震盪，是美國歷史上忘不掉的傷痛。當時的執政黨是共和黨，因

越戰久戰無力持續，只有撤兵，對美國聲望打擊至大。

事實上，1950 年之韓戰不但未戰勝中國軍隊，使得美軍方對中國軍力有新的認識。解放軍以人海戰術取勝，這對美軍而言，是一場輸不得的惡戰。最後雙方各退一步，再以 38 度線為界，簽了停戰協定。美方犧牲頗大，麥克阿瑟將軍也因韓戰丟了官。

韓戰之發生對台灣也至關重大。美國外交政策因韓戰而改寫亞東戰略路徑圖，將台灣與日本、韓國同時列入協防國家。對兩韓而言，回到 38 度線就是一道無法移動之牆，阻止兩韓統一。也正因為如此，朝鮮與俄國關係日漸親密，已是軍事同盟。兩韓關係則十分惡劣，不太可能恢復到 2017 至 2021 那 4 年，川普執政時之兩韓領袖緊握雙手在 38 度線跨來跨去，此景只待成追憶。

美國在亞洲之兩次戰爭傷亡嚴重，均嚐到失敗苦果。越戰長達 10 年，在美國戰史上是一樁拿不上檯面之軍事失算。美國動員海陸空三軍，當上將魏斯摩蘭（William Westmoreland）揮軍時，美軍多達 55 萬，為求勝利，除了兵多將廣，並且應用各式武器，諸如氯氣、化學武器等違反戰爭法之武器也揮來揮去，最後仍然不敵。

這場戰爭真正的受害者是美國社會。一時之間大學生群起反戰，社會亦由而導致波動。因越戰而引起的社會分歧、政治不安，對美國是一大傷害，一直到 1973 年自越南撤兵，人們方始得安。尼克森總統（Richard M. Nixon）雖因水門案下台，然而在越戰進行時，共和黨政府也因而受難，福特總統（Gerald Ford）領導之共和黨政府，在 1976 年大選失敗，民主黨卡特（Jimmy Carter）得勝繼承大位。

　　由於這兩次區域戰爭均敗於共產國家，人們對共產主義增加了恨意。令美國人不爽之事，是中越二國今日仍以共產主義為立國之本，人們抗中疑越，這種情結是無從改變的。美國在越戰十年間先後派遣士兵共達 200 多萬人次，美國耗費軍款約 2500 億美金，北越正規軍及游擊兵死亡達百萬以上，南越軍死亡也近 25 萬，堪稱史上大戰之一。

　　遠在 1961 年 1 月，新就職總統甘迺迪至紐約華爾道夫大旅館拜見麥帥，請教亞洲事務，麥克阿瑟將軍極力反對至亞洲作戰，年輕的甘迺迪未聽忠言，他於 1963 年派美軍（偽稱顧問）赴越作戰。越戰分裂了美國，就此美國人更認定共產主義者就是敵人，反共也成為美國人之共同信念。

美國眾院在 2024 年 9 月 9 日以絕對多數通過約 25 件法案，這一「法案群」均以抗中為主。這也是美國憲法史上首見之以反抗另一國為主題之法案。其中多以制裁中國商務為主，也是貿易戰爭之另一面。如：禁止美國人購買世上著名之大疆無人機，還有中國公司出產之鋰電池等。其中有一項從未得見之「威脅」條款，也就是當中國對台有「入侵」行為，則美國會立即將北京高官之財產詳情公諸於世。

　　此一法案之名稱為「保護美國創新及經濟安全免受中共侵害法案」，彰顯華府之抗中行動，將兩國關係壓擠變形。中美關係將因此一嚴竣法案而產生爭執。令人注意的是，美國會稱中國為中共，突顯中共之名。事實上愈來愈多之美國公文將「中共」、「中國」混用，這在以往是鮮有之事。

　　這些法案中常出現「中共」一詞，與「中國」相互間各有出現，今用「中共」以彰顯共產黨在中國之地位，意義在於標示共產黨在中國日漸重要之事實。而美國「從古到今」是崇拜資本主義，而仇視共產黨，今之如此，在於喚起美國人仇共反共之勢。事實是資本主義與共產主義是天敵，合不起來的。

　　在眾多美籍專家學者齊唱抗中歌時，也有不少美國學者為

此擔憂。如著名學者史文（Michael Swaine）2018年即倡言以平和態度與中國相對，他在當年6月29日《外交政策》（Foreign Policy）上要求雙方和平相處。然而也有學者提油救火，以火藥濃厚之語調抨擊北京。如戈茨（William D. Bill Gertz）在2002出版之專書 The China Threat: How the People's Republic Targets America（《中國威脅：人民共和國這樣瞄準美國》），認為中國是「國際恐怖主義」的支持者。

美國學者多以攻擊性文字彰顯其反中之志，中美關係實際已進入緊張狀態，有如「類冷戰時期」，雙方已至「全面對抗」，距離「致命敵對」一箭之遙耳。中美關係從1972年達成《上海公報》開始，經過交往、合作、競爭、對抗，到今天「類冷戰」的局面，故有其因，也值得一探，藉以省思中美友善關係之破壞者究係何方神聖？

中國是一個有數千年歷史的東方大國，有其傳統、有其文化，面對這樣的中國，立國僅249年之美利堅合眾國，此際確要首先瞭解中國之傳統及文化。然而也就因中美均屬大國，在國際上越來越旗鼓相當，就成了互相牴觸之源頭。因此雙方有了相異之思維及風範，最重要的一點，在美國雖不是宗教國家，但確是一個

基督國家,在這裡,國家與基督文明是相連的,基督文明自然就影響到國家政策了。

當歐洲基督教徒遷居新大陸時,見識到陌生的新環境,也見到了不同族群之印地安人以及叫不出名字之野獸,他們為了生存乃聚眾而居成為一個個有定性之屯墾區(Settlement),而這些屯墾者也多任教會領袖(也是屯墾區之領導人)帶領下,慣用帶宗教語句與區內人對話。

其中有一句深含宗教意味,就是人們傳頌之「我們住在山丘上之小屋」(a city upon a hill,通譯「山巔之城」),自此即成為徒眾共勉之佳句,意為我們都在距主最近之山上居住。這句話為時任麻省屯墾區首長約翰・溫斯羅普(John Winthrop)牧師所倡,屯墾者也因有此一堅實之宗教信仰而漸漸結實了作為美國人的愛國觀念,而有了執行「天賦使命」之壯志。從而漸漸發展了愛鄉土之愛國主義,由此注重國安,進而歌頌美國強大,而有了盛行的「例外主義」(Exceptionalism)與「擴張主義」(Expansionism)。

「麥卡錫主義」

在美國以反共出名者即是來自威斯康辛州的麥卡錫參議員（Joseph McCarthy, 1908-1957）。他在韓戰結束後（1953）趁著國人憤恨北韓及中共之時，發起一連串之反共運動，事實是這運動本就存在一個簡單原因，就是在韓戰時以二戰勝利之美軍居然未能戰勝「兵弱師老」的志願軍，美民間多認為這是奇恥大辱，反共氣氛十分濃厚，政府方面反共者乃是副總統尼克森及「聯邦調查局」（FBI）局長胡佛（J. Edgar Hoover）。胡佛任局長計48年（1924-1972），在他領導下，FBI努力打擊或抓捕有共產思想之人士，一時間人們或被誤捕或遭蓄意打擊，尤以文化、藝術方面人士被打壓的最嚴重，自此共和黨與文化界愈走愈遠。2024年大選文化人士多傾向民主黨，足證多年前麥氏反共手段太深太重了。

在麥卡錫瘋狂般推行鐵腕反共時，風頭十足，威力通天。只要他認定某人親共，則警察、FBI即予抓捕，麥氏此種方策後被稱為「麥卡錫主義」，由於他手法太狠，終遭眾人唾棄。至1954年因其過火之行為致眾人不齒，一時間支持者棄之，麥氏亦成萬眾合擊之對象，在歷史上是一個不堪一提之人民公敵，但共產主

義已愈為人所痛恨。

麥卡錫自幼勤讀書，於 1935 年得到名校 Marquette Univ. 法學士，及後考得律師執照並任執法官。他是一個愛國者，志願加入海軍陸戰隊服役，並因功升為上尉，1946 年當選參議員（共和黨）。他在 1950 年發表了一篇驚人之文章，文中註明 205 個國務院中人與共黨有關係，或是同情者。然而他並未提出嫌疑者之完整名單。

雖然如此，他已引起國人之尊重及重視。他趁著這一大動作聲稱不少外交界高官也有親共之嫌，艾森豪總統亦對其表示支持（endorsement）。他並且沒收不少書籍，並附之以火，理由是有親共之嫌。他還在參院召見軍方將領，他的威風及影響成為一人之下。然而到 1954 年秋天，他的好日子漸已不見。接著是無窮盡的控訴，有被壓制的文化界人士發起反麥行動，他終被趕出參院。1957 年因病去世，轟動數年之麥氏旋風就此消失。麥卡錫瘋狂式的主持反紅行動，並未因為他去世而稍減。當年因為麥氏受盡為難的人們及他們的後代，終於在日後對共產二字反感萬分。

美國一直有共產黨之存在，也因為如此，反對共產主義曾在 50 年代掀起一陣「紅色恐懼」（Red Scare），而有了麥卡錫

之打紅運動。真正共產主義「先行者」就是錢伯斯（Whittaker Chambers，1901-1961），他是一位最具爭議性之共產主義信仰者，曾是黨員，也在 Time 週刊擔任過編輯。他曾為蘇共做工作長達 6 年之久。他的文章也引起美國政府注意。這樣的人在美國是不多見的。麥卡錫之打紅運動最終雖以失敗收場，不過人們對共產主義也越來越有意見。時至今日，共產主義在美國既無支持者，也無同情者，只有反對者。

事實是到了川普 2017 年登基後，美國對中國共產主義予以排斥，拜登上台更以反中為其外交政策之核心，他的每一件與外交有關之政策，均以反中為目的，或以反中為手段來達到其反中之目的。而今川普再度上台，恨中立場是不可能改變的。

杭廷頓理論影響深遠

談論美國的抗中政策，不能不提及杭廷頓（Samuel P. Huntington）這個人。杭氏之主要理論就是要美國繼續坐上世界霸主之寶座，他是近代美國政治學泰斗，堅信美國領導世界取得二戰勝利，有實力也有決心繼續坐穩世界霸主之寶座。他堅信唯有美式世界秩序方能帶與世人繁榮與安全，而這也成為一般美國人之想法。

杭廷頓在其名著《文明衝突與世界秩序的重建》（The Clash of Civilizations and the Remaking of World Order）中明言，世上必有文明衝突，進犯美式世界秩序者就是中國與阿拉伯兩支文化。他在這一理念下自然地將中國文化視為世界障礙，一定要排除，從而對中國就有除之而後快之感。簡單來說，中國對美就是一個「威脅」，不可疏忽以對。最好也是最有效的方法，就是以對抗及圍堵將中國困於一地，令其喪失攻擊之力，美國因而得保全成為世界領袖。他堅信中、阿相輔相成之文化是一種「無德聯合」（Unholy Alliance）。

根據這一理念，抗中是「天賦神權」，是美國替天行道，擁立美式世界，打擊任何限於中方及阿方文化，庶幾可直接將中、阿等國遠置於世界核心之外，而只能接受「美式世界秩序」之管理。因此「去除中國威脅乃必要之工作」。人們必須有反中之心，恨中之意，始得迫使中國無力也無能擔任世界強國，而就此永不具備挑戰美國世界霸主之機會。

杭廷頓主要的學說就是「美國第一」（America First），這也成為川普政治口號之一。事實上，他們二人在這方面是有志一同的。首先是他們均以白人與基督文明為其政治理念的主軸。例

如杭氏在國際政治上的主張就有如此之想法。他在衡量美國與霸主（Hegemony）關係上，有兩項指標性的學說，其一主張美國一定要在世界經貿上占重要地位，不宜少於全球活動的二分之一。如果有此跡象，表示美國霸主地位有了問題。他的第二個學說是假如真的如此，那就要培養歐盟取而代之。歐盟應取得國際經貿之半數總額，則美國將協助歐洲來當 Hegemony。「美國第一」之口號專用在外交上，其意即在美國當霸主，以實現「美國第一」之宏願。

他的這一個說法顯現出其種族主義思想、基督文明等。歐美人士有共同的血緣，多以 Anglo-Saxon 為主，其基督文明下之大結合，將有效維持在美國不再是盟主時，可以延續美國 Pan Americana「美式世界」之鴻志，由是也證明他另一學理主張--一個中國及防衛性的文化是不同美國的。杭廷頓之學理亦流向各方，尤以政學界人士受他影響最大。這位一代宗師留下來的不僅是名，而是他的思想與教導。

在此一情況下，被排斥之華裔最為辛苦。他們在 19 世紀中葉陸續來到美國，是時正逢國內太平天國之亂，民不聊生，居住海岸邊之居民只好外移，爭取生存之機會，其中以赴美之廣東人

為主,赴南洋則多為福建難民。當他們抵達目的地後,才知道中國人在社會上低於黑奴,還成了被驅趕之對象。1882年美政府公佈「排斥華人法案」,是為美國歷史上唯一之排外法案,該法直到1942年珍珠港事變後才為美國政府廢除。

中國工人赴美時間約從19世紀開始。這之中,以赴美之移民遭遇最為不堪,他們先是前往加州從事淘金工作,後因東西鐵路開始興建則做了鐵路工人,一直到1880年代鐵路完工為止。在這一段長時間之工作,備受不仁待遇,華工遇到歧視之愛爾蘭工人,嚐盡苦難,然而他們雖是美國及加拿大跨州鐵路出力工人,卻未得到美加政府之肯定。他們嚐到族群歧視(Racism)之不公,只有忍受。可以說這就是美國及加拿大兩國修建鐵路時不顧人權、歧視華工之惡行醜例。美加政府對修建鐵路事蹟彰顯世人,但歧視華人心態從未減少。

加州眾議員趙美心(Judy Chu)拜託參眾兩院同仁針對充滿血淚的歷史向華人道歉,以示人道,兩院也先後具文道歉,但是,卻得不到行政部門正面回應。從這一件事看來即知,華人在美國被歧視的狀況很難徹底改善。美國總統則向非裔、日本人、印地安人、夏威夷人致歉。

反中、抗中、恨中

遠在 1960 年代之詹森總統時期，為了鼓勵非裔少年攻讀大學，乃自創「平權法案」（Affirmative Act）予非裔學子進大學，同時也排斥亞裔學生採用此有利法規。2021 年哈佛及北卡大學共同訴訟此法規之不公，此案經三年審判，至 2024 秋始為法院判決違法，自此華裔子女方有同等受教權。一時之間，美國大學亞裔生大增，此一判決終恢復公平入學之正義。由於加州州議員方文忠在 2009 年 7 月即提出廢除此法，是以加州是排除此法之第一州。（見拙著《傳奇爭議：川普與分裂之美國》，黎明，2021 年，84-94 頁）。

今日美國歧視華人之案例仍時有所見，NBA 華裔球星林書豪即受到歧視。然而有些歧視法一直到 20 世紀末還有所見，如 1943 年始廢除美人與華人不可通婚之條件。就社會層面看，華人受不平等待遇仍處處可見，有些歧見則是「政治性」的。

對華裔不平等之際遇已是常態，今美國政府引導人們反中與抗中，甚至恨中。不由自主地彼此開始不信任對方，對立已成日常現象。對 75-80% 的美國人而言，反中是不得不為之事，當今僅中國有實力威脅美國霸權。。

在此一政治性質濃厚之課題上,得以見到美國公民反華比例在 75-80% 左右,這一比例令人吃驚,有些人是看到華人在社會上之優異表現而反對之,這種反對看到來自華裔的優秀表現,將中國可能爭奪霸主連在一起,結論就是敵視或輕視華裔,解決之道唯待時日了。

　　美國今日處在霸主地位,居於「既得權位」之尊(Hegemonic Status),美國多主動對華挑戰。對於中方而言,進步就在「瞬間」(just a matter of time),成為霸主爭戰之挑戰者,同時帶給美國人以威脅性之挑戰(mere factor, China is a threat)。

　　而美中交惡之起點就在各自文化及傳統迥異,雙方均緊緊守住己方之文明,面對不同之文明,儘多敵意。結果是美國加強敵對的圍堵手段,而中國則祭出對抗策略,最終並興起民族間之鬥爭,不容忍任何中性政策,換句話說,愛國之民族主義成為雙方之防身武器。

　　美中關係惡化之另外一個因素是「地區戰略」。中國要的是在亞洲當老大,美國在「回到亞洲」後,也懷有推展「區域戰略」之意。中美在這一領域互不相讓,雙方間之爭議就無日不在。自從中國在 2001 年進入世界貿易組織後,趁著美國忙於應對「恐

攻」而得全力發展，結果是，中國在短短幾年間即成功成為製造業大國。美中於是進入對立時期，最終演變為今日之「全面對立」（Comprehensive Confrontation）。

今日美國仍時有所見歧視華人之案例。然而有些歧視法一直到 20 世紀末時仍然存在。就社會層面以觀，華人受不平等待遇比比皆是。對華裔不平等之際遇已是常態，今美國政府引導人們反中與抗中，甚至也恨中，雙方關係回不去了（say good bye to the past）。人們應了解，美國是信仰資本主義的，也應知道資本主義的好處，美國都有，但資本主義之壞處，美國一樣都不會少。

第二節　川普反中與威脅論

「中國威脅論」在 2000 年後流傳於美國政學界，事實上此一論點最早並不是學者所創造，而只是一般性之俗用語句。尤其在中譯本上更是明顯，如由台北智庫 1990 年出版之《中國威脅：中國一旦覺醒，天下震動》，可謂經典之作。這題目有「威脅」兩字就保證暢銷，因而 1997 年有了再版。這本書由 William Overholt 所寫，原名 The Rising of China: How Eeconomic Reform is Creating A New Superpower，根本沒有 Threat（威脅）一詞。2001 年 Hoong Yik Luen 在新加坡出版之 New China Rising: A Social Economic Assessment of WTO Entry，因無中文本，沒有煽動之「威脅」語句，自然就無何銷路。

事實上這並非僅限中文本之專有手法，有不少英文書也曾將「美帝」一詞作為書名。例如 Geir Lundestad 所著之名著 The American "Empire" 就是一例。另外一本的書名本為 The Coming Conflict with China 翻成中文就成為《即將到來的中美衝突》，作者孟儒（Ross Munro）及白禮特（Richard Bernstein）均曾先後擔任《時代》駐亞洲記者，這本書之譯本在台灣大賣（1997 年），原

因係李登輝政府喜獲這本論述中美「即將到來」衝突之書，而認為可以藉此傳播美國即將與北京開戰，遂大力贊助譯本，並由御用學者寫序，以廣周知。是以也有些書會受到政客們利用。此書即為「中國威脅論」之「代表性」著作（孟儒，前費城外交政策研究所之亞洲部主任告知，此書名純為銷路而寫，不是一本研究論文）。

另有一本書名《日美台三國同盟》，係日人和泉太郎所著，譯本由星晨出版。此書書名自為某些人士所愛，另外一本則為《台灣擋得住共軍三天嗎？》這些也都是為銷路取了些吸睛之書名。

回顧川普在 2017 年入主白宮前僅有經驗，是蓋房子與開賭場。電視上之「誰是繼承人」諧劇只是過過上小銀幕之癮，無何成就可言。也就是說川普在 2018 年開始，才有了反中言論之發表。因為他的白宮顧問們就有不少反中要員，例如班農（Stephen Bannon）、波頓（John Bolton）、納瓦羅（Peter Navarro）等人。（註：請參閱拙著 -- 傳奇爭議：川普與分裂之美國，黎明，2021，pp.192-218）。

「亞洲再平衡」

川普雖然討厭歐巴馬，然而卻繼承了歐式「亞洲再平衡」（Pivot to Asia）的政策，首次上台沒多久，就立刻推出由美、日、澳、印四國組成之「印太聯盟」，同樣地將北京視作假想敵。例如歐巴馬時代以人權民主抗衡北京，而川普則以貿易赤字作為打擊北京之「拆屋大錘」（Wrecking Ball）。

著名國際問題評論家 Ian Bremmer，2018 年元月 15 日在《時代》專文中，言及中國之上升來自 1. 重訂對外關係，2. 有效外貿及工業升級，3. 境外重點戰略投資。在此情形下，世界當受到中國之影響，中國在世界遊戲規則中成為制訂者之一。此一評論意在說明中國之上升，是經貿及工業精進帶頭後完成的一項大工程。華府擔心的也正是如此。

然而中國也非省油的燈，美國即發現北京正屬行走向全球之大戰略。藉力於「帶路計劃」，建構一個全新的經濟結構體。對美國而言，其在國際間退縮一步，就予中國前進一步之機會。美國為之不安，日積月累而漸生猜疑、憂慮、茫然。於是對中國就有了心理障礙，終於找到了各種對中國不利之說法，例如「妖魔化中國」、「唱衰中國」，而後更變本加厲有了「威脅說」。

尤其在 2000 年之後，西方不時有關於中國上升之新聞報導，散播中國上升就是威脅的說法，於是「中國威脅論」就慢慢成形。例如 2017 年 12 月 16 日出版之 The Economist，就以「銳實力：中國影響力的新模式」為題。影射中國有如一把尖刀劃向西方各個層面。與奈伊教授所倡之「軟實力」一比，更顯「銳實力」之殺傷性與威脅性。《時代》也曾在 2017 年末有「中國贏」為題之封面故事，均對歐美人士示警——「中國威脅」真的來了。

事實上，《經濟學人》早在 2012 年 8 月 7 日就倡言中國升起之危機與威脅，在這篇題為 China's Military Rise: The Dragon's New Teeth: A Rare Look Inside the Biggest Military Expansion，預言 10 年內中美將有軍事衝突。任何一個讀者看了這些類似之文章，均可能感受到來自中國之威脅。此書及今（2025）已有 13 年，迄未見雙方動武。

白宮對華引進「貿易戰」即是在抗衡中國升起，其目的就是要作賺錢的買賣，而川普之「美國第一」就是在執行「美國利益」之動作。杭廷頓教授曾大言：「沒有美國為至尊的世界……經濟成長會減緩」，川普謹守此規，執行單邊主義，打擊 WTO 之權威，更視自由貿易為無物，有此一理念，中國很自然地成為敵對者。

在杭廷頓指導下，美國「至尊」理論自然成為美國之「建國方略」，因此一定要將「中國上升」寫成「中國威脅」。著名右派反華之賓州大學林蔚教授（Arthur Waldron）在2014年春季版之Orbis發表專文探討如何方能阻擋中國上升，題目很吸睛，China's Peaceful Rise Enters Turbulence，作者將「上升」及「混亂」攪在一起，以負面論點反對中國升起。（註：林之反中論說始自「六四」後，當時在普林斯頓大學任教）。

為了反制此類謬論，北京力倡「中國模式合作共贏，擬定全球新價值觀」的理論。於此可看出中國不甘被美政學界抹黑，更多的歐美人士相信中國將取代美國，制訂世界新秩序。川普退出某些國際組織之真正意圖在於，他將一個複雜的國際秩序看作一樁簡單之買賣行為。歐巴馬政府時期，美國樂意在外貿上有所犧牲，而仍有世界大家長之地位，如今川普不在乎此一地位，只要賺錢！從此可看出川普之逐漸擺脫世務，不是何國在逼他，而是他找到更能滿足其慾望的工作。那就是從事貿易戰，於此同時就要將中國冠以威脅者之封號，如此一來，他就很容易地將中國威脅具體化。他並且大言世上最美麗之字就是「關稅」。（川普再次上台10天就簽署命令，2025年2月4日起對墨西哥和加拿大的進口商品徵收25%關稅，對中國商品加徵10%關稅。這項命

令還包含報復條款。）

為了防堵中國繼續上升，影響美國霸權，華府有了一套全新之國安戰略。首先使力挑撥北京與鄰國關係，認為中國對其鄰國有威脅性。最嚴竣的指控是將中、俄與流氓國家如北韓、伊朗等放在一起，均在「破壞國際秩序與穩定」。換句話說，華府已將中國與北韓列為同等國家，而利用台灣這顆棋子，發揮一些討價還價作用。例如川普曾在 2017 年 12 月 14 日簽署「2018 財政年度國防授權法」，透露出可以依此法派軍艦至高雄，這就給予川普主動權，也在測試北京的耐力。

美中忽冷忽熱　川普一念之間

另外一個對北京有挑戰味道之動作，為眾議院在 2018 年 2 月 9 日通過「台灣旅行法」，授權行政大員訪台，參院外委會也於是月 7 日通過。川普可以相應不決，就當又是一件 A4 大小之公文，不過也可能照章行使，則台灣必有大事，川普又多了一個可玩弄的題目。

綜上所述，約略可看出川普早在首任總統時，已為中美關係定了調，那就是中美是敵對（Rivalry），而非夥伴。川普善變，

中美關係忽冷忽熱，均在川普一念之間。他不重視幕僚，也不仔細閱讀資料，他的善變由於他自滿於己之此一行為。他與幕僚有距離，首任總統第一年（2017-2018）即頻頻更換身邊大將，令人看到原來有轉得如此之快的政治走馬燈。

即使如此，藍普登教授（David Lampton）仍認為中美應平心靜氣討論如何帶動雙方關係，他主張美中關係應是平等的，大勢所趨，不可避免。這位曾以「同床異夢」為書名論述中美關係的學者，堅信中國日益強大，趨勢不可擋，台灣應處理好雙方關係，以免受傷。

100多年前的1913，美國曾出版了一本以中國人為主角的詭異小說，書名為《陰險的傅滿州博士》。書中描述此人邪惡異常，梳著辮子，留著八字鬍，是壞蛋之範本，也是中國人之代表。對中國人，這本書帶給西方人負面印象，也是「黃禍」之根源。如今中國人帶來了新的「黃禍」，川普利用此一雖不在陽光下，卻在陰暗之懼中、厭中之情緒，毅然用「中國威脅論」封殺中國在世界領先主控之地位。

儘管美中關係日益嚴峻，但北京學者仍致力於推動中美兩國之「大國關係」。極負盛名之前北京清華大學美國問題專家孫哲

曾為此出了兩本專書，書名就是《新型大國關係：中美協作新方略》，如今環視中美關係，但見坑坑洞洞，卻未見大國關係。2017-2020 在川普刻意操作下，「大國關係」之說早成雲煙。這本由北京時事出版社於 2013 年出版之書，提供了「建立大國關係」之重要性。然而川普是個不讀書的人，相信在他第二次主政期間，也不會讀到這兩本書，中美「大國關係」勢必因川普個人成見繼續被置之不理。

第三節　全面交鋒「類冷戰」之特性

2017 川普上台後走「單極主義外交政策」，對傳統國際關係掀起重大改變。尤其視中國為主要敵手，結果引起兩國「全面交鋒」之「類冷戰」（Quasi Cold War）國際政治生態。川普快速砍斷中美文教交流管道，際此地緣政治學者熱烈探討「修昔底德陷阱論」之時，正可檢視此論與當前中美關係有無聯結之處。

「不同理念，不同面向」，這是筆者 2015 年 6 月出版的「美國政治與其兩岸政策」一書中最後一章的題目。10 年後的今天，深感這八個字跟當前中美關係概況有些相似，只是這第一個「不同」兩字如改為「敵對」，則更入木三分，因為當今中美關係已惡化到「類冷戰」地步。

首先要探討的是中美關係為何如此「敵對」，傳統美國外交政策與此有關嗎？其次要談的是「修昔底德陷阱論」是否挑起雙方那一根敏感的神經？為何美方切斷中美文教交流？

中美關係如何走向是國際間一個重大課題，絕非僅是兩強間之事務，影響深遠，可以說是後冷戰時期最重要之國際動態。長

達 90 年之冷戰，逼迫人們忍受如此長期之緊張日子，沒有人盼望再過這種氣氛下的反常生活。

美國是怎樣的一個國家？世人或許認為她是一個自由、平等、博愛的國家。然而如深一層來看，則發現美國重視「美國利益」而非「美國價值」，是個百分之百的資本主義國家。美國人自 1776 年建國之始曾以「美國價值」為號召，再以「人本精神」為主軸。威爾遜總統（Woodrow Wilson）力主自由主義，更將「威爾遜主義」與「自由主義」揉成一體。美國人深信他們是世界自由、平等的保護者。「威爾遜主義」成為美國人遮風避雨之一把大傘。

事實上，美國不可能僅靠高唱道德的「威爾遜主義」就能將這個國家變成世界超強。翻閱美國史，發現威爾遜提倡的「自由主義」在國家建設過程中是精神食糧，美國的力量是來自「國家利益」的實現，而這就說明了「現實主義」才是國家建設的基石。因為「自由主義」是威爾遜所最重視，於是美國人就認為威爾遜倡導的是「道德的自由主義」。由是人們只見「自由主義」而不見「現實主義」了。然而從歷史上看，美國的外交政策卻是建基於「現實主義」之上的。

美國建國之初，僅有今日之東部，經過兩百多年之擴張，才有今日之橫跨兩洋之大面積國土。嚴格來說，今日之美國外交史就是一本擴張史，而美國就是一個不折不扣的「擴張主義者」，以不同方式取得更多領土。1867 年以美金 720 萬購得阿拉斯加，這是少數以和平方式購得土地的例子。下一案例則是非常黑暗的，即 1867 年以威脅、欺騙方式「併吞」夏威夷。史書上寫明是「併吞」，最常見的是以戰爭擴張領土。鮮明的例子是 1900 年之取得菲律賓作殖民地。這場戰爭美國大勝西班牙，不但立即成為海權大國，也隨勢取得原屬西班牙之菲律賓。為給世人一個交代，當時麥金萊總統（William McKinley，1901 年遭暗殺身亡）說是為了要帶領菲律賓人走向基督。他一肩擔起「白種人的負擔」來拯救菲律賓人。

　　美國極大多數土地是以武力取得，如新墨西哥州、加州、路易斯安那州等。美國立國之初深受基督教之影響，事實上也就是美國建國之支柱。人們力倡「自由主義」，也因與基督教教義合一成為「新教自由主義」，他們在 17 世紀以屯墾者在新大陸建國，堅信他們是上帝的選民。勤勞信主的基督徒，有幸住在「山巔」（A house upon the hill）。屯墾區的領袖們有些由牧師兼任，自然將宗教與屯墾合而為一。

「例外主義」

在這艱苦屯墾時期，他們相信上帝給予人們「天賦使命」（Manifest Destiny），而驕傲地相信他們是幸運的，他們與其他人是「不一樣的」。在宗教及政治人物的推動下，這一「不一樣」概念漸漸發展成為「不一樣主義」。此主義成為人們的中心思想。隨著時日增長，這一概念就成美國外交之重要成分。他們堅信可從事不一樣的外交，也就成為「擴張主義」（Expansionism）的推動力量，他們深信自己「命中注定是不一樣的人」。這就是「例外主義」（Exceptionalism）之由來，也就是說，美國可以在世上任意而行。

有了精神武裝後，美國人就要跟隨「現實主義者」去打天下了，也就是說要有強大武力作後盾才行。奈伊就堅定認為軍力、資源、經濟、科技等是一個強國必備之核心實力，然後方有「擴張性文化」及「國際影響力」，美國依靠其超強軍力，結束了二次大戰及冷戰，自然成為世上唯一超強。在無人可攖其鋒之時，美國可用經貿、金融等方式制裁他國。而仍可以掌握「霸權」不放，影響宇內，自然不樂見哪個國家搶坐老大寶座，尤其不會讓中國取代其獨霸地位。

為「遏止」中國繼續崛起，川普之「反中」、「反華」之「雙反」運動已成美國「政治正確」之重磅核心。中美關係已瀕臨「攤牌時刻」，步向「全面對抗」，也就是「類冷戰」階段，雙方關係之瀕臨破裂甚難修補了。人們對中美未來之發展非常關心，期盼雙方可以「打打談談」（Compromise and Conflict）。

　　中美自1979年元月建交後，即積極文教交流，留美學生逐年連連增加，成為留美最多之外籍生。及後川普首任期將中國列為「戰略敵手」，自此雙方關係有變，幾乎到撕破臉的地步，中美文教交流關係已名存實亡。在這樣子的政治生態中，每個大學雖然為了學費非常歡迎大陸的學生，然而卻不得不聽從川普，大幅減少大陸留學生之入學許可。

　　主修生化、電機、物理等學科學生更成為首批被勒令停學返華的學生。川普2017上任後，美國有關單位即大力展開控訴部分中國留學生有偷竊研究成果行為。最典型的例子是對休士頓安德生癌症中心之一名華裔研究人員被控訴有偷竊科研成品而被開除。此類案件終會影響到所有華裔科技人員在美工作機會。

　　「千人計畫」是北京政府為增加高級科研人員而設立的，早在2018年8月7日，川普在紐澤西州自家高爾夫球俱樂部譴責：

「來自中國之留學生都是間諜。」有媒體人就此做了這樣的評論：「這就是有種『種族主義老白人』的說法，而今卻由美國總統說出。」可預見的是大陸留學生被迫不再將留美作為第一選擇。

2020 年 5 月 29 日，《紐約時報》登了一則新聞：「川普政府計畫取消數千個大陸留學生簽證，因為這些研究生與學者與大陸軍方有直接關係。」據估當時將有三千學子與家人返回大陸，不准再行來美。此事發展下去，中美已不可能再有文教交流活動。行之多年之「孔子學院」計畫也遭美國片面取消。

爭霸或共存

中美在思維上有著極大不同，北京奉行有中國特色的社會主義，華府則秉持資本主義理念。更大的不同是雙方各具極為特別之文化傳統。就中國而言，自 1841 年鴉片戰爭後，歷經多年持續不斷之列強入侵，最終更以庚子賠款終結這一長串經年累月之羞辱。雖然民國成立，清廷不再，然而跟著而來之軍閥割據、中日抗戰、國共內戰，中國人歷經二百餘年之戰亂，導致民窮財盡。再經過韓戰之用兵，中國老百姓可說連喘口氣的時間都沒有。

毛澤東上台後，三反五反、大躍進、大煉鋼、人民公社等各

種運動不斷，各類鬥爭頻仍。1966年又帶來十年之久的文革。這一浩劫更將大陸人民置於歷史最殘酷之水深火熱中。毛死後，四人幫瓦解，人民得以休養生息，發展經濟，而有了今日之成就。

換句話說，中國從鴉片戰爭迄今已160多年，從一個無與倫比的衰敗、封建、落後之國家，一變而成為世界第二大經濟體。其經濟發展仍然正向上升中，成為人類歷史一頁未曾有過之篇章。當人們豐衣足食後，自然就要爭取國家地位，而民族優越感也就從而誕生。

在這現實環境下，中國自然成為美國之頭號假想敵。雙方不可能成為哥兒們，然而又不能動刀動槍。冷戰期間之圍堵政策也構築不起來，只好採取「交往政策」。尼克森即曾於1967年在美國權威期刊《外交事務》上為文暢談與中國建交之必要，其中心思想，並不在乎要交往，而是為了利用北京平衡莫斯科在冷戰期間之份量及擴張。然而在此後，中美則重在交往，這也成了今日雙方來往之重要基石，透露出美國當代外交政策就建基於現實主義基礎上。

「爭霸或共存」，看似矛盾，其實未必。因為爭霸之結果必定兩敗俱傷，如今戰爭太可怕，就是不用核武，而以傳統武器為

之，也會造成雙方不可忍受之痛。

爭霸不是誰想爭霸，或是誰不想爭霸。對大多數地緣政治戰略家來說，爭霸一事是不可能避得開的。當某一個國家已是全球霸主，那就不可能讓另一個國家來作霸主，而全力捍衛此一固有權利。

而另一個新興大國，當其經軍實力已可與老霸主一較長短時，則也不可能摸摸鼻子，逕自走開。這是環境逼出來的，也是自然生態。任何一方如公開說絕不想稱霸，事實上正在準備如何提高自己實力，令對方不要妄想，自己好來當霸主。

在如此之國際政治生態中，為了現實之考慮，雙方爭而不鬥就成為至上之理。這是現實之考慮。雙方間自會有間歇性爭執，如貿易爭議就是一例，而這類問題較易解決。

麻煩的是長期性爭執，如南海問題等。2015年初出版之Time（《時代》）列出了新一年10件敏感又有危機之大事。其中也將台海問題列入。由此可見這一問題已不僅限於台海一地，而是地區性大事了。

美前國務卿歐布萊特（Madelerine Albright）就認為，「交往」

並不是施與而是在現實中的一項機會。確實是如此，交往不是妥協，更不是施惠，而是不得不選擇的唯一可行性方式。然而在交往過程中，仍有令人擔心的碰撞，雖然不是特別重要，卻也會引起爭執，有的很快消失，有的卻衍生出一連串麻煩。

| 第五章 |

「貿易戰」與破碎之兩國關係

摘要

美國挑起貿易戰就是要遏制中國國力快速上升。近10多年來，大陸基礎建設及軍備加強均令美方焦慮不已；如依照目前中國之跳躍式增加，則至2040年，美國不但可能讓出世界GDP第一寶座，某些民間製造業方面有可能被北京超越。這才是美國大言「中國崛起」之主要動因。

由此可知，川普對中國之日新月異是有戒心的。川普對中國既不友善，更不尊敬。他放棄一切理想，緊抓住「武力才是真實利益之本體」。政學界領袖如前輩摩根索（Hans Morgenthau）的這句警語，即成為川普之座右銘。

美中貿易戰是後冷戰時期之類冷戰（Quasi Cold War），解除或降低鬥爭層面均非易事。中國也開始明瞭川普之川劇變臉不是表演而是來真的。美國知名社會學家杭士基（Noam Chomsky）對這種現象有下述之斷言：「國家行

事並不基於道德,僅是權力和暴力之工具」,這是形容川普政府很貼切的註解。

中美矛盾程度是無法消去的,日後此矛盾有可能更為激化,雙方均會面對來自內部之壓力。就北京而言,「內部民族主義」日漸成形,成為中國人抗衡美方施壓之有力支柱。而美方則有令國際間頭痛之「單邊主義」(Unilateralism)。

第一節　「中國崛起」之真相

　　北京在 2010 年開始於外貿上大有成就，更藉力於「帶路計劃」，建構一個全新的經濟結構體，這些大動作令致歐美諸先進國家為之惶惶然。對美國而言，其在國際間退縮一步，就予中國前進一步之機會。美國為之不安，日積月累而漸生猜疑、憂慮、茫然。於是對中國就有了心理障礙，終於找到了各種對中國不利之說法，例如「妖魔化中國」、「唱衰中國」，而後更變本加厲有了「威脅論」。

　　尤其在過去二十年中，西方不時有關於中國上升之新聞報導，猛一看均是負面之聲，骨子裡散播中國上升就是威脅的說法，於是「中國威脅論」就慢慢成形。例如 2017 年 12 月 16 日出版之 The Economist，就以「銳實力：中國影響力的新模式」為題，影射中國有如一把尖刀劃向西方各個層面。《時代》也曾在 2017 年末有「中國贏」為題之封面故事，均對歐美人士示警──「中國威脅」真的來了。

　　事實上，《經濟學人》早在 2012 年 8 月 7 日就倡言中國崛起之危機與威脅，在這篇題為 China's Military Rise: The Dragon's

New Teeth: A Rare Look Inside the Biggest Military Expansion，預言 10 年內中美將有軍事衝突。時至今日雖無軍事戰爭，卻有了貿易戰。這篇文章盡述中國之軍事威脅性，然而 2017 年的這篇文章，則述及中國全面上升之概況，任何一個讀者看了這些類似文章，均可能感受到來自中國之威脅。

美國學界當然也不寂寞，各顯神通的為文力倡中美戰爭之可能性。2014 年秋季版之 Orbis 有篇文章不但詳述中國實力威脅性之上升，並預言雙方將有大戰，充分顯出中國具有威脅性，其結論就是「China can not rise peacefully」（中國不會和平上昇）。

白宮對華進行「貿易戰」即是在抗衡中國發展，川普之「美國第一」就是在執行確保「美國利益」之動作。川普執行單邊主義，打擊 WTO 之權威，更視自由貿易為無物，有此一理念，中國很自然地成為敵對者。

為了反制此類謬論，北京力倡「中國模式合作共贏，擬定全球新價值觀」的理論。於此可看出中國不甘被美政學界抹黑，更多的歐美人士相信中國將取代美國，制訂世界新秩序。川普退出某些國際組織之真正意圖在於，他將一個複雜的國際秩序看作一樁簡單之買賣行為。歐巴馬政府時期，美國樂意在外貿上有所

犧牲，而仍有世界大家長之地位，川普則不在乎此一地位，只要賺錢！

　　由此約略可看出川普在首任期內，已為短期中美關係定了調，那就是中美是敵對，而非夥伴。2024 贏得總統選戰的川普向來善變，中美關係之所以忽冷忽熱，均在川普一念之間。

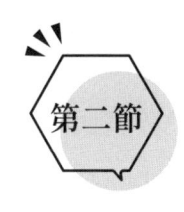

第二節 川普之美中貿易戰

對川普而言,「美國第一」就是他的世界觀。從他在 2016 年春天喊出此一口號,「美國第一」竟成為他與世界連結唯一的那根線。仔細審視他的世界觀,發現他的思維有些來自美國先進,有些則是他的隨想。例如尼克森的心中也有一根線繫住「美國第一」這句口號。他遠在 1967 年於《外交事務》(Foreign Affairs)雜誌中明白地寫道「零和遊戲才是王道」。他並且相信唯美國才有能力主動與中國推行「交往」政策。並且相信「美國應袪除幻想,不要以為可以改變中國的政治生態」。觀諸川普近年在外交事務上之行事風範,發現他的思路與尼克森甚是相似。

外交理論學者海斯(Ryan Hass)更一針見血的主張,美對華政策就是要全力阻止中國在國力上再為上昇。他說:「美國應不計代價,阻止中國上昇」。他也認為美國不可能改變中國之政治生態。著名中國通李侃如(Kenneth Lieberthal)更直說中國將走自己的路。這幾位政治人物及學者均對中國存有戒心,而唯一因應之道就是儘早、盡力地阻止中國國力上昇。川普對華採取有敵意政策,就不足為奇了。

也就是說，2024川普勝選的選票來自「鐵鏽區」之民粹選民，當然也就有了挑戰現在國際秩序的基本群眾。由是可知川普的國際觀是建基於「美國利益」信條上。亦即以當前利益衡量國與國之關係，不再有戰略思想。在與中國關係上，更見識到川普翻臉比翻書還快的政治手腕，誠所謂「春風拂去千仞雪」。令人十分詫異的是，雪才化為水，就立見「白浪滔天萬層波」，川普學會了川劇之變臉戲法。總體而言，川普認為貿易戰是理想的對敵方式，可以達到反中之目的：

（1）就國家之長期貿易赤字而言，美國確實是「受難者」。赤字之來由是因美國人認為美國貨貴，外國貨在價與質方面均佔了優勢，於是只好買外國貨了。觀諸美國市場中，家電幾乎全為外國貨天下。就算牌子仍是美國的，然而卻為他國所製造。這就是今天美國赤字居高不下之真相。

（2）2016年大選政綱成為中美貿易戰之催生劑，川普在其競選期間對中國從無好話。而將其列為"Enemy No.1"。自那時到如今，川普對華之成見日漸加深，雙方關係已自對立到敵對。北京在美國之評量中，當然少了不少分量。令人感到興趣的是一般政治人物均隨口而出之選舉語言。川普不但恪守所言，更是奉

行到底，不打折扣。

（3）貿易戰就是要遏制中國國力快速上升，北京基礎建設及軍備加強均令美方焦慮不已。如照目前中國之跳躍式增加，則至 2040 年美國不但可能讓出世界 GDP 第一寶座，更在民間製造業方面有可能為北京趕上。果真如此，屈居世界第二名的 GDP 才是美國以貿易戰遏制中國上升之主要動因。

由此可知，川普對中國之日新月異是有戒心的，便以馬基維利之權謀思維參與世事。對他國領袖既不友善，更不尊敬。川普絕不讓他國有發展機會。他放掉一切理想，而緊抓住「武力才是真實利益之本體」，前輩政論家摩根索（Hans Morgenthau）這句警語即成為川普之座右銘。[按：摩根索是「美國至上」（Pan-American）之執行領班者]

中美貿易戰就是後冷戰時期之類冷戰，解除或降低鬥爭層面均非易事。中國也開始明瞭川普之川劇變臉不是表演而是來真的。美國知名社會學家杭士基（Noam Chomsky）對這種現象有下述之斷言：「國家行事並不基於道德，僅是權力和暴力之工具」，這是形容川普政府很貼切的註解。

第三節 「修昔底德陷阱論」，中國和平崛起

新興國斯巴達與舊勢力雅典之惡戰（431-404），斯勝雅亡。雅典（Athens）與斯巴達（Sparta）爭戰多年，戰爭就發生在伯羅奔尼撒（Peloponnesian）半島，最後斯巴達勝。歷史學家修昔底德（Thucydides）在戰爭發生後，開始詳實記載此一戰役之實況，並將此套紀實稱之為伯羅奔尼撒戰爭。

戰爭的硝煙已停，然而卻留下一個大哉問：一個新興強國不能與既存強國友好共存，非要挑戰，取得霸權？換一個方向說，即這個既存大國為何不給新興國家友好共存的機會？這是宿命？還是非為之不可的霸主爭奪戰？

2013年6月，哈佛大學教授艾利森（Graham Allison）於《紐約時報》發表《歐巴馬與習近平一定要想開些以避免一次典型之陷阱？》他首次在文中提到「修昔底德陷阱」（Thucydides Trap），2015年則在9月份《大西洋月刊》發表《修昔底德陷阱：中美是否走向戰爭？》2017年5月又在《大西洋月刊》為文《習近平想要什麼？》。艾利森於2018年4月24日在「亞洲協會」

香港分會就「修昔底德陷阱」作專題講演，他認為中美間之矛盾可以解決，唯雙方均需面對現勢，始可解決未來戰爭之危機。其講演題目即《戰爭命運使然：中美有可能避開修昔底德陷阱？》

艾利森自 2013 年 6 月提出「修昔底德陷阱論」後，引起全球研究國際地緣政治學者之高度重視，他的文章要點：今日之兩強就是中美。在此論說下，中為「新興勢力」，美為「既存勢力」，雙方最終惡戰不可免。在 2018 年則改稱可以避免，他著重指出，習近平之「中國夢」即是要整軍經武以恢復昔日強盛之「夢」。這一目標就與美國仍要作世界霸主有矛盾。在他發表此一論說後，2017 年著名的藍德公司出版了由多賓斯（James Dobbins）編著之《再論與中國戰爭》，將雙方武鬥之可能性作了預測說明中美最終仍須一戰。這種理論與艾利森的說法各有不同的解讀。

艾利森除了引介「修昔底德陷阱」論說外，還提出一個實驗說明。那就是他研究近 500 年來各項類似「修昔底德陷阱」般的武力鬥爭，結論是在過往近 500 年共有 16 件世界級之武力衝突。其中 12 件以勝敗結束，而只有 4 件是以和平方式解決。換句話說，只要這種新興與既存兩大勢力並存時，戰爭多會出現。也就是說武力衝突是當今中美相爭之可能選項。按往例，這種說法是存在

的,然而是否必然,則不易得到結論。

就在美國當選總統川普就職倒數 1 個月之際,中國政協主席王滬寧 2024 年 12 月 19 日在北京人民大會堂會見艾利森。由於艾利森曾提出「修昔底德陷阱」用來描述霸權轉移可能伴隨戰爭,援引到美中大國博弈。王滬寧因此強調:「修昔底德陷阱」不是歷史的宿命,中美應加強對話溝通。

美中全方位競爭

事實上,美中展開全面戰略競爭,兩國是否陷入「修昔底德陷阱」雖不斷被提出,但習近平也多次在公開場合強調,「修昔底德陷阱」並非必然,「寬廣的地球完全容得下中美各自發展、共同繁榮」。中國領導階層的前述立場,能否與二進宮的川普取得共識,仍待後續觀察。

美國與中國的全方位競爭最近已催生了一大堆關於爆發武裝衝突可能性的書,其中還有大量如何先發制人的建議。如果說「誰丟掉了中國?」是冷戰初期美國憂心忡忡的問題,那麼「誰輸給了中國?」有可能成為它的當代變體。華盛頓和北京已打了五十年的交道,其間既有美國的單極耀武揚威,也有中國崛起為經濟

超級大國,許多此類書籍都聲稱,這個時期已經結束,兩國現在正走上可能導致戰爭的「碰撞路線」,儘管它們給出的理由各種各樣,有時甚至相互矛盾。

拜登政府時期的國務院政策規劃高級顧問白潔曦(Jessica Chen Weiss),在最近一篇引起熱議的外交事務文章《中國陷阱》中則指出,美國總統「贊同必須遏制中國日益增長的影響力的評估」,並且,在國會山莊,「與中國死磕可能是民主黨和共和黨唯一能達成一致的事情。」

白潔曦預見的陷阱並不是中國誘使美國陷入衝突,那是《2034》中的情況。相反地,華盛頓只了解零和世界,因此會認為與中國的衝突是不可避免或必要的。換句話說,兩方合作可能是獲得和平的需要,但也可能導致戰爭。

白潔曦建議美國與中國領導人進行有意義的討論,不僅討論危機期間如何以最佳方式溝通,「而且還討論合理的共存條件和國際體系的未來——北京必然會在塑造這個未來方面發揮一些作用。」她呼籲「包容和積極的全球願景」,這聽起來不錯,但從未得到詳細解釋。白潔曦認為,「美國不能將如此大的影響力讓給北京,以致於國際規則和制度不再反映美國的利益和價值觀。」

這句話說明了美國不會文風不動地看著中國上昇。

米爾斯海默（John Mearsheimer）曾說「國際政治就是危險之事」。國際間是毫無誠信的，所以險象環生。他在 2014 年出版《大國政治之悲哀》，並將此書結論篇交《國家利益》（National Interest）（期刊）於 2014 年 10 月 25 日登出。在長篇大論後，他在最後一頁寫道「假如未來中國特別強大，國際間之發展結果均有重寫之必要」。

他的這番話說明中國進步之程度是難以預測的，中國之跳躍式進步就成為華府決心要遏制其進步之最大原因。如此一來「修昔底德陷阱」說就成為一種灰色之預測，難道中國國力上升就是原罪嗎？拜登主政時期百般羞辱、並打壓中國，就是為了要有效阻止中國再崛起。

如今檢視拜登時代對華宣示之貿易戰，就在於發動實質之「遏制」中國上升之趨勢。北京非常瞭解國力上升之重要，因為穩定政治就需要有一個持續上升之國力；兩強相遇，國力之支柱就是經濟，是以國力就是經濟能力。而這也是北京政府當前最主要之工作，在這樣的一個背景下，中國不可能因為美國施壓就放緩其國力增長之速度，而美國「反中政策」也將持續下去。雙方

關係將不斷產生變化。

中美矛盾程度是無法消去的，日後此矛盾當更為激化，雙方均會面對來自內部之壓力。就北京而言，「內部民族主義」日漸成形，成為中國人抗衡美方施壓之有力支柱。而美方則有令國際間頭痛之「單邊主義」（Unilateralism）。北京自 2018 年與美掀起貿易戰以來，已認識到過度之「內部民族主義」有害無益，於是予以降溫，也不再高唱「2025 製造」口號。然而拜登任內卻仍在高唱「單邊主義」，他在 2019 年 9 月 24 日於聯合國大會上又積極鼓吹「單邊主義」之重要。

川普則高喊「我不要國際主義，我只要愛國主義」。這是聯合國成立以來第一次有一位世界級領袖高唱「我不要國際主義」。在世界的國際會議聖殿，川普如此任性對國際合作大唱反調，充分表示他的「單邊主義」之路是不會稍改的。這就顯出矛盾所在，那就是美國仍然要繼續維持其「霸主權位」。事實上美國自 1941 年 12 月 7 日珍珠港事件後已登上世界盟主地位。當前美國的世界領導地位仍非常穩固。中國雖然國力迅速增強，然而卻距美尚有一段距離，從各種情勢以觀，美國將在 2041 年前固守霸主寶座，百年霸主當非虛傳（1941-2041）。

第四節　北京、華府：永恆糾纏之交往及對立

要將華府與北京之關係交待清楚，是件不太可能的任務，如果一定要將「兩強（G2）（2010年華府智庫國際經濟研究所主任伯格斯坦〔C. Fred Bergsten〕首提出）之關係說清楚、講明白既然不可能，那就只好用一句繞口令的方式來說了，即華府與北京的關係既有「交往」也常「對立」，而且是長長久久，很可能永遠存在。其所以致此，原因不一，將此狀況弄清楚是一個巨大工程。

從1979年元旦，中美有了正式的外交關係，這一「共生關係」就一直成為雙方和平共存之金科玉律。一時間就將冷戰期間美國對抗中共之「圍堵政策」的這個「堵」字給廢了，僅留下「圍」字。另外則將「交往」這個詞帶了進來，於是將containment（圍堵）中之con部分留下，再將engagement（交往）之gagement留下，就成了新字congagement，譯成中文就是「交往與對立」。

雙方為維持這一局面，遂有此「共生」關係，不是中美兩強偏愛此種狀態，而是情非得已，別無選擇。雙方意識型態迥異，

然而也可以一面抨擊對方缺少人權，又可大筆投資對方，完全從孔方兄之立場定國策，雙方都有需要對方的時候，也都有批判對方之機會。「共生關係」是如此之微妙，其因就在實踐「現實主義」這個字，因為再也沒有其他選擇了。

中美在思維上有著極大不同，北京奉行有中國特色的社會主義，華府則秉持資本主義理念。更大的不同是雙方各具極為特別之文化傳統。就中國而言，自1841年鴉片戰爭後，歷經多年持續不斷之列強入侵，最終更以庚子賠款終結這一長串經年累月之羞辱。雖然民國成立，清廷不再，然而跟著而來之軍閥割據、中日抗戰、國共內戰，中國人歷經百餘年之戰亂，導致民窮財盡。再經過韓戰之用兵，中國老百姓可說連喘口氣的時間都沒有。

換句話說，中國從鴉片戰爭迄今已160多年，從一個無與倫比的衰敗、封建、落後之國家，一變而成為世界第二大經濟體，成為人類歷史未曾有過之篇章。當人們豐衣足食後，自然就要爭取國家地位，而民族優越感也就從而誕生。於是就有中國和平崛起之新局。

美國雖僅有249年之歷史，其外交理念卻是相當複雜。美國標榜本身是一個和平、人道之國家，然而卻每每在歷史長河中既

不全然和平,在人道上也或有缺失。

美國獨立前,英國新教教徒為逃避英國國教之歧視移民新大陸,他們即堅信到達一個位居高崗上之城堡,林肯更堅信他們是上帝之選民,優秀且與其他族群不一樣,而有了例外主義之想法。由此一理念而產生之想法就是美國人因與他國人不一樣,可以作自己之主人,不需考慮他國人士想法。例如門羅總統(James Monroe,1817-1825)宣佈之「門羅主義」,就是將加勒比海當作美國之後園池塘。

與歐洲列強相比,清末美國對華傷害較少較輕,然而心理上對中國卻從未有一絲尊重之意。最明顯例子是 19 世紀中葉後自廣東、福建來美移工之悲慘命運,受盡了污辱、虐待、殺傷。1871 年於石泉(Rock Spring)發生之屠殺案即為一例。1882 年,美國國會不顧人道精神通過了唯一一個不公平之對待移工之法案——「排華法案」。

對先人們輕視與傷害華人移工之事,時至今日,僅由國會兩院先後於 2011 年及 2012 年通過法案向華人社會道歉,道歉來自民意而非行政機關,其道歉是否有誠意,再明顯不過了。

二次大戰期間，中美並肩抗日，然而卻在 1945 年 2 月之雅爾達會議上，被小羅斯福出賣了，外蒙古就在這樣子情形下失去。從歷史上可看出美國一向輕視中國及中國人，今天中國與山姆大叔平起平坐。這一新的經驗，美國人心態上自然不可能接受。

「持續與修正」：對華政策核心原則

尼克森 1971 年採行開放中國政策後，美國對華政策之基石就是「一中原則」，至今仍是華府奉行不背之鐵律。然而這一「持續」有 53 年之久的政策，施行時就有了「修正」之舉，於是「持續與修正」就成為這段將近半個世紀之美國國策之精神所在。

至於 CHANGE（修正），此字可譯為「改變」，「修正」字義較溫和。「改變」這個字有菱有角，不太適合在外交事務上應用，就這一點而言，美國在這 46 年中，確實在對台政策上作了不少修正。川普 2025 年 1 月 20 日再度入主白宮，在未來四年任期內，「持續與修正」仍將是他處理對華政策的核心原則。

另一方面，美國從未真正想與俄羅斯深交，雙方理念不合，華府領導在冷戰結束後，並未對俄羅斯伸出友誼之手。換句話說，美國是否在冷戰消失後，就判定俄羅斯為「對立」之國，而不需

「交往」。美國人到底如何看待俄羅斯？

這可從《時代》的一篇文章說起，題目是《帝國主義者：普丁》（The Imperialist: Vladimir Putin）。用這樣標題來稱呼另一國領袖，倒是不尋常。不過從此文也可看出美國人心目中普丁是何許人。自從2014年3月俄軍收回克里米亞後，美俄關係就日漸走向谷底。我人對克里米亞這個字絕不陌生，因為1945年2月之雅爾達會議就在此舉行，見識了美國政治人物是如何地出賣友人。

假如純從理論而言，普丁收歸克里米亞半島是有所本的，因為在冷戰期間，赫魯雪夫為了向老家烏克蘭示好，而將此半島送給了烏國，如今普丁拿回此地，也是應該的。更何況此半島居住的是俄羅斯人，說的是俄語，然而歐美諸國卻認為這是蘇聯之霸權再起，而就此堅信普丁就是帝國主義者。在過去三年多俄烏戰爭中，普丁政府面臨歐盟及美國之制裁與聲討，日子並不好受。

事實上，普丁所追求的是採用一項非典型之民主制度來治國，初步以觀，這種政治制度是可行的。然而對美歐而言，則是民主制度以外之異類。不但不可取，也不容存在。這就是美俄衝突之起點。

總而言之，俄羅斯目前最缺的是現款。而北京則是滿手皆鈔票，成為普丁之救星。這一狀況當然導致中俄關係更為緊密。北京方面自會藉機拉攏俄羅斯。美國則可能勒緊俄羅斯之錢袋，卻阻止不了普丁與習近平多次熊抱。這當然不是美國所樂意看到的。

　　再回頭來看川普重返白宮後的中美未來關係，在華府與北京領導人刻意雕塑下，兩國關係勢必在奉行「交往」時不忘「對立」，只是何時當「交往」，何時應「對立」之差別。以雙方領袖之智慧，當會有利多之舉，然而他們仍不會或忘整軍經武，以應對未來可能之「對立」衝突。

| 第六章 |

新時代台美關係：
回顧與前瞻

摘要

自1972年美中簽下「上海公報」，而有了「聯中抗俄」之計畫。2022年俄烏戰爭開始，北京方面並無抗俄之舉，中方保持中立態度，及今川普登基，突然之間美俄關係丕變，新的「美俄聯合」就可能成為未來20年世界區域戰略基石。

2022年2月之俄烏戰爭將北京放在一個頗有爭議的問題上，那就是中俄關係正在日漸進步當中，不可能公開責難俄國，又不能隨著華府嚴批莫斯科。正當中國正徘徊不前的審視中俄關係時，川普重返白宮卻使得美俄之間一下子有了變化。

令人感到饒有興趣的是，美俄關係一夕之間就在2025年二月熱絡起來，烏克蘭只好千山獨行。三年俄烏戰爭好處沒有，烏國人亡國破，還要看川普臉色。烏國領袖當知，當代理人從事「代理人戰爭」（Proxy War），是鐵定要吃大虧的。

另一方面，川普二進宮，也讓台美關係進入了新時代。本章除了前瞻美台關係，也回顧了數十年來的歷史。二戰時，中美曾一度攜手合作併肩對敵，然而卻在1945年2月雅爾達會議中，中國被小羅斯福總統擺了一道，他與史達林、邱吉爾三人簽下出賣中國之「雅爾達密約」，然後就有了白皮書之發布刊行。就在兩年之中，中國內戰隨著二戰結束而開始，於此一時期，華府人士如馬歇爾等人，均出現在中國內戰時期，最終迫使蔣中正總統放棄大陸，南遷台灣。

事實上，美方亦有人認為欠國府公道，其中一例就是中國摯友赫爾利大使多次敦請小羅斯福總統不可簽訂「雅爾達密約」。他向小羅斯福總統痛陳此約對國府之傷害，但小羅斯福最後仍以欺瞞方式簽了此約。赫大使之微弱呼聲，終未能喚醒小羅斯福總統。

1979年4月10日，台灣以地區為名與華府簽約，美國會並通過「台灣關係法」。一個時代結束，隨之而起的是另一個時代之誕生。本章對台美斷交迄今之美台關係，包括「一法、三公報、六保證」，以及二戰白皮書與雅爾達密約的歷史，均有深入的解析。

川普 2025 年 1 月 20 日上任沒幾天，就透露有意與中國談判。他在福斯新聞（Fox News）1 月 23 日播出的專訪中稱，他「寧可不對中國徵收關稅」，但稱關稅是對中國的「巨大力量」。川普還表示，他有信心與北京達成協議，防止台灣遭到入侵。事實是他在 2025 春季即對中國開始貿易戰。

川普在白宮橢圓辦公室接受福斯主播漢尼提（Sean Hannity）專訪，據《紐約郵報》報導，川普指出，美國處於一個有利位置，可阻止中共擴張領土。他說，「我辦得到，因為我們有他們想要的東西，我們握有大筆錢。」川普暗示，關稅將是他與北京進行交易的關鍵手段。

2024 年川普再度問鼎白宮以來，一直不願正面回應是否願出兵保台。不過，當年 10 月在《華爾街日報》刊出的訪談中，被問到要如何說服習近平放棄「封鎖」台灣時，他就曾表示「我會說：如果你『進入』台灣，很抱歉，我會收你 150% 到 200% 的稅。」

川普並抨擊拜登政府的貿易政策「愚蠢」，「你曉得我們去年在中國手上損失多少錢嗎？1 兆美元（貿易逆差）。」「我們對中國有一項非常強大的力量，就是關稅。他們不想被加徵，我也寧可不必動用，但這對中國極為強而有力。」川普解釋說，「中

國從美國獲得了大筆錢，然後用這些錢來建軍」。大陸外交部發言人毛寧則對此回應說，「中美經貿合作是互利共贏的，我們認為，如果雙方有分歧和摩擦，應當通過對話和協商來解決；貿易戰、關稅戰沒有贏家，不符合任何一方的利益，也不利於世界。」

此外，在川普上任進入第二個星期之際，美國援外計畫和聯邦補助金陷入混亂，為了確保美國政府的資金援助符合「美國優先」的方向，除非獲得國務卿批准豁免，否則國務院對外援助一律暫停90天，台灣是美國國務院無償外國軍事融資FMF的受贈方，確定會受到影響。

川普在就職當天簽署的行政命令包括這一項，「重新評估與調整美國對外援助政策」，確保美國的對外援助，符合川普的美國優先外交政策。國務卿盧比歐指出：「我們所花的每一塊錢、我們資助的每一項計畫、我們執行的每一項政策，都必須回應這三個問題中的其中一個，以證明其正當性，這是否讓美國更安全？這是否讓美國更強大？或者這是否讓美國更繁榮？」

盧比歐隨即指示，即刻暫停所有美國國務院和美國國際開發署的外國援助90天，進行評估審查。美國對台灣的外國軍事融資FMF是否受到影響？美國國務院一名發言人表示，除了對以

色列和埃及的 FMF、以及緊急糧食援助，有獲得國務卿批准得以豁免，其他所有對外援助資金都要暫停，而國務院也還在審慎審查其他豁免申請。

另外，值得注意的是，美國參議院跨黨派議員 2025 年 1 月 23 日聯合提出《美台加速減免雙重課稅法案》，作為眾議院近期以壓倒性票數通過的同名法案的參院版本。此舉旨在加快參院的立法進程，以便法案盡快進入表決程序，並提交總統簽署成為法律，進一步推動美台經貿合作，減少雙重稅收負擔。

前述有關美中與美台關係的最新發展，令人一則以喜一則以憂。喜的是，川普對美中達成協議拒止中國大陸對台動武深具信心；憂的是，美援外政策與美中貿易戰萬一失控，勢必影響台海動盪，對在台灣的中華民國而言，恐面臨不利的情勢與變數。於此時刻，回顧與前瞻新時代台美關係，當益顯其重要性。

第一節　荊棘與順暢：半世紀美台關係

自 1979 年美國與中華民國斷交迄今已近半世紀。其間，北京與華府關係歷經起起伏伏，近年更是摩擦不斷。對於中美關係，台灣始終是最重要、最敏感的核心問題。即是當年作為美中建交基礎而簽署的《上海公報》、《建交公報》和《八一七公報》，本應是中美關係的基本框架，但也曾多次成為美中台之間唇槍舌劍的源頭，導致雙方關係呈現僵局。加以雷根政府在簽署《八一七公報》之際，同步製發《六項保證》，更使得台海三邊關係充滿角力。值此台美斷交屆滿 46 年之際，實有必要針對三公報與六項保證所架構的台美中互動框架進行深入檢討與前瞻，從中為台海三邊關係找到歷史的座標。

1913 年 5 月 5 日，威爾遜總統正式承認中華民國政府之時，事實上政府已在 1912 年正式成立。為何華府未劍及履及立即承認中山先生領導之臨時政府，而拖到第二年。為說明其原因何在，時任駐瀋陽總領事之司戴德（Willard Straight）作了這樣的解釋：美國在意是否統治者可有效統治中國，是否可自國際銀行團借到款項，為了美國利益，故延了一年才承認袁世凱所領導之北洋政

府。這遲來的承認，就是往後中美外交關係上處處荊棘的預兆。

　　回顧過去的歷史，尼克森舖就了走向中國之道路（Road Map），卡特則形塑了《台灣關係法》。他們兩人製造了一座東亞外交新舞台。美國因有中國之助，有效地阻止了蘇聯的赤化計謀。也同時引起了一頭「睡醒的猛獅」，不時挑戰美國今日世界霸主之權威。美國學者對此日益關切，於是就力言雙方應「合作於實務，對立於虛疑」。這一切「實務與虛疑」來自尼克森訪問巴基斯坦時所得來的靈感。尼克森1964年訪問巴基斯坦與該國總統阿育汗（Ayub Khan）會面，雙方談話中，阿育汗提到中國未來在亞洲之重要性，給了尼克森極大的影響，也瞭解到中國人口眾多之事實。他在1967年以六個月時間訪問了世界各國，對國際問題有了充分之瞭解，也開始對中國有了「深一層之認識」（root cause）。

　　這時的美國社會正因越戰而分裂，人們「持續地存在於恐懼中」。尤其開發中國家多與北京友好。尼克森此時瞭解到停止越戰是他上任後首要工作。要達到此一目的，並可聯中抗蘇，未來就職總統之首要工作就是走向中國。並且公開表示不會對華使用圍堵政策。他的這句話顯示出他之走向中國，是「實」，然而他

未來不會圍堵中國則是「虛」。

尼克森在 1969 年 9 月聯大開會時宣稱願與北京談判，正式吹響了承認中共之第一聲號角。自此華府動作頻頻，積極準備雙方談判之各項事宜。到 1971 年初夏，時機已然成熟，季辛吉率團於 7 月 1 日訪問巴基斯坦。事實是他於 7 月 8 日夜晚偽裝胃病住院，卻早已遁往北京。兩天時間與周恩來談判 17 小時，收穫至豐，在國際間掀起了一場不小的風波，對台北而言，這正是惡運降臨之先兆。

1972 年 2 月 28 日，尼克森與周恩來簽署了「上海公報」（Shanghai Communique）。將近七年後，中美正式建交，進入了長達 53 年的波折關係，時而慶幸，時而仇視。於今演進到「致命敵對」（Lethal Rivalry），雙方關係已近「決戰」（High Noon）狀態。「上海公報」僅是近代史上重要的一頁，卻少了氣概與靈氣。

談及此一公報，必然需要引介尼克森。這位美國第 37 屆總統一生波折，輿論褒貶不一。然而談及中美關係則不能無他。因為尼是設計師，開放中國與建交中國均為其創造，是以談及兩國關係，就有認識尼克森之必要。

尼克森生於南加州橘郡 Yobalinda 小鎮，大學則在加州之 Whittier College 獲得學士，後至北卡州之 Duke 大學繼續攻讀，從他的出身及大學時之學校顯示出他家庭小康。因不屬於長春藤，故其終身無法挺進「主流派」（Eastern Establishment）中，而受到歧視。

這一個不尋常之讀書經歷影響他日後行事的獨特風範。他來自中下家庭，與東部名校家境富有學子難有交心之可能，也就無法與東部媒體交好，以致他終其一生與媒體形如水火，最終在水門事件上，東部自由派予他全力打擊，終致不名譽下台。

其二，他之成名純係得到艾森豪總統大力提拔之故，是以雖高升到副總統，然而依然未獲東部實力大伽們接受。在如此環境中，尼養成自力不求人之個性。他在不名譽下台後，努力寫作，發表了十本為人推崇研究國際關係之巨冊，爭回他的好名聲。

在瞭解尼之成長背景及任事行止後，就瞭解到他是一個勇於任事並且有先知智慧之特點，他的開放中國政策就因有比人高一等之遠見，努力不懈之進取才有了「上海公報」，一個留傳近代史重要之一頁。

尼克森在 1968 年勝選後，首先任命季辛吉出任國安顧問，繼為國務卿，完成其「開放中國」大志，終於在 1972 年與周恩來簽署「上海公報」（U.S. Policy Toward China, July 15, 1971）。最終由卡特於 1978 年 12 月 5 日宣佈中止與國民政府之「中美協防條約」，並於 1979 年元旦開始與北京之正式外交關係，中美關係進入了一個新世代。由尼克森與季辛吉合演之「開放中國」雙人秀不但改變了東亞地緣政治（Geopolitical Strategy），更推及到美蘇之未來關係之變化，是近代史上亞洲外交運行之最重要篇章。

中美蘇新三角關係

　　尼克森聯中之原因在於孤立蘇聯，果不其然，當中美建交之後，蘇聯態度也有了變化，不再對美採行「戰狼式」外交戰術。自此，一個由尼克森設計之中美蘇新三角關係模式建立，美國屬於中央位置，是這一新框架之設計者兼執行者。中蘇關係變得透明化，美國不再擔心中蘇合縱抗美了。

　　在處理美國與台灣關係時，尼克森採取了現實主義的策略。原則上尼氏是一個堅強反共者，這也是他當年直昇機式的從眾院議員轉為參議員，再榮獲艾森豪親點為副總統，僅費時七年，可謂天下無雙，就此一人。他自從以共和黨身份投入政壇以後，即

以反共保守派著稱，尤其在麥卡錫參議員打紅反赤時，尼與麥卡錫合作無間，甚得保守的共和黨員誇讚，故其在 1968 年順利當選總統。

尼在國際事務的認知顯露在「尼克森主義」（Nixon Doctrine）上，事緣他在 1969 年針對越戰在關島宣讀了指標性之政策藍皮書，其中心思想即認為，亞洲國家應自行負責解決亞洲之問題，美國僅協助（aid）而不是參加，這是一個全新的「越南化政策」（Vietnamization），迄今仍為美國在亞洲政策的核心思維。

從尼克森在國際問題之重大決定上，可以看出他是一個厭戰者，這是因他曾在二戰時服役於海軍，親身受到戰爭之摧殘及無情。在其家人於尼克森百歲冥誕會場佈置之中心位置上高懸大字牌「尼克森：和平締造者」，可了解他的家人在這重要日子（2013 年元月九日）要讓美國人記住尼克森是衷心嚮往和平的。

尼氏最終辭職下台，其原因即是因為他成為水門事件要犯之掩飾者（事實是民主黨竭盡所有國會中黨員力量製造倒尼運動）。其罪名為「掩護水門事件證據（linked Nixon to cover up activities）」，尼克森祇好在 1974 年 8 月 9 日辭職，成為美國歷史上第一位不名譽下台的總統。

第二節　一中政策：TRA、八一七公報與六保證

　　當年台灣關係法（Taiwan Relations Act）在送至美國會兩院時，已是「漏洞百出，語焉不詳，矛盾時顯」。最主要的是該法純然不重視台灣未來安全問題，這也是國會諸公反對之主因。著名的前美駐台中央情報局主任克萊恩（Ray Cline）就直言此文是「自取其辱」，毫無立場，與克萊恩有相同看法的美國人還真不少。（按克氏為蔣緯國將軍摯友，克夫人為蔣經國總統之英文老師）。

　　卡特總統將兩岸關係製作了一個新的框架，重心即在北京與台北為從屬關係。如此一來，在「一個中國」政策上，北京與華府有正式關係，而台北與華府純為民間關係；因此，台灣關係法有了上下之分。其一、此法為美國內法，由不得台北置喙；其二、與中建交至關重大，與台斷交乃必要之惡；其三、未顧及國會人士對此法之觀感。是以，就在「台灣關係法」送入國會當天，三股反對力量立即匯聚成形，給予卡特極大壓力。

　　這三股反對力量分別是：第一派為國會中自由派議員，他們

力稱 TRA 缺少保衛日後台灣安全；第二派為國會中親國府之有力人士，多與戰時國府有著親密關係，一向對台北政府有著濃濃關懷之意。這些號稱「China Lobby」（中國遊說團）的議員極力維護台灣之安全，令人佩服。第三派則是保守派菁英分子，他們一向批判民主黨政策，如知名的保守派喬治・威爾（George Will）就是一例，他反諷卡特自命為自由鬥士，卻作出對台灣人民空洞（wild goose chase）之政策。

自由派之薩林斯基（Arthur Schlesinger, Jr.），為民主黨忠實分子，曾為紐約市大皇后校區歷史系教授，對尼克森大力抨擊，然而此次就卡特行事卻無一言，證明衛道之士也常依黨派行事。著名記者赫許（Seymour Hersh）即對此有所抨擊。國會中自由派大將如愛德華．甘迺迪（Edward "Ted" Kennedy）等，則領頭反對卡特草率之關係法（薩林斯基曾為甘迺迪之重要參謀人士）。

人們好奇為何自由派國會大咖多為台伸張正義，除了他們要求維護台灣安全外，也是被卡特逼出來的。由於卡特自恃與中華民國絕交為絕密之事，除了僅在七小時前通知蔣經國總統外，也僅在 12 月 15 日夜七時才通知幾位國會領袖，而夜九時卡特就宣佈此一大事。他們雖與卡特同黨，然而對卡特之強勢作風甚是不

滿，必須討回公道。也就在這些因素影響下，台灣關係法被認為必須大為修改。

中華民國與美國1979年1月1日斷絕外交關係、4月10日美國會正式通過「台灣關係法」。如果從季辛吉1971年7月9－11日密訪北京，以及尼克森1972年2月21--28日到中國大陸會見毛澤東，並與周恩來聯合發表上海公報到現在，也已超過半世紀。

1979年4月10日，美國會正式通過「台灣關係法」，中華民國與美國之關係只限民間來往，正式外交關係不再存續，中斷了中美間自1913年建立之正式外交關係，也喚醒了人們對美關係的幻覺。人們也從此案瞭然國與國之間無「交誼」（Partnership），而只有「交易」（deal），雙方重視「利益」（interest），而輕視「價值」（value）。

卡特政府擬定對華外交政策及推動玩「中共牌」的主要人物，就是當時擔任主管東亞與太平洋事務的助理國務卿郝爾布魯克（Richard Holbrooke）。當年，郝氏在離開國務院後，仍與中共保持著密切關係，還傳出他為美國廠商在大陸拉生意，金錢收入非常可觀，這多少說明他熱衷於「中共牌」其實只是為了攫取個

人利益罷了。郝爾布魯克在當時就是對我國最不尊重的國務院官員，在他下任後仍死命的替卡特政府之終止「中美共同防禦條約」做陳腔濫調（cliche）辯護。

還有一段軼事必須一提。由於郝爾布魯克熱衷於玩弄「中共牌」，致使他的女友索耶（Diane Sawyer）也跟著盲目的吹捧中共。索耶當時在 CBS 電視公司為紅牌記者，主持「晨間新聞」節目，並曾在 1978 年 8 月 24 日的「晨間新聞」中，播出訪問中國駐美聯絡處主任柴澤民的談話。透過索耶的安排，郝爾布魯克乃能順利的將其設計的「中共牌」推介給多位美國記者，而爭取到輿論支持與同情。事實上，郝爾布魯克的許多做法都讓中華民國受到了無可彌補的損害。這是在回顧中美斷交史時，不能不了解的幕後真相。

「台灣關係法」特性

「台灣關係法」具有三項特性，其一美國與台灣之關係必須維持以續保美國在台美關係之利基所在。其二維持台灣獨立性以保障西太平洋航運自由。其三維護台美關係以尖銳（stridently）對敵中國。

就台灣而言，此關係法予台自保之必要條件，然就理論而言，此法因係美國國內法，故華府有權操控。就台方而言，則只能被動接受。對北京而言，這法必須抗衡，於是從未承認此法之法律性，而僅將此法稱為「與台灣關係法」。

也就在此一情勢下，北京對此法視之「不存在」，然而卻為雙方你來我往互相指斥之靶子，美方之作法就是對三公報之文字作極大之解釋，於是美中因「台灣關係法」自然時有辯論。大體而言，中方雖不同意，也只好接受「關係法」存在之事實。無從再沉醉於往日之友情了（a past that refuse to go away）。

1979 年 4 月頒佈之「台灣關係法」已有四十六年之久。在過去一段不算短的時日中，這一有著法條性質的美國國內法，成功地維持兩岸三地之關係與應對，著實不是件容易之事。也就是說，華府解釋三公報一法之力道益形增長，整個形勢已邁入新局。如何有效公正執行三公報一法，則純看美行政部門之表現，諺云「外交需力量作後台，如無力量則外交僅是閒話耳」（…without enforcement diplomacy among government is merely conversation）。

從 1979 年元月 26 日將「台灣關係法」草案送至國會兩院直

到同年 3 月 30 日始將修正本送還白宮。最終由卡特在 4 月 10 日完成簽署,有效日期溯及是年元旦。就理論而言,就從元旦那天起,美台間就是一個民間社團的關係。事實上,卡特在 1978 年 12 月 19 日即公開宣稱「……就美國而言,台灣不再是一個國家」。這就證明卡特政府對台極有「敵意」。

參眾兩院絕大多數議員均對「台灣關係法」表達不滿,而作了巨幅修正。他們歷經兩個月盡心盡力地修改,參院共提出 17 個修正案,眾院也提出了九項修正案。其中有多位平日對國府抨擊最力的議員,如民主黨之甘迺迪、克侖斯頓（Alan Cromston）;以及被稱為「China Lobby」的友國府之參眾議員,如共和黨老將高華德（Barry Goldwater）、赫姆斯（Jesse Helms）、史東（Richard Stone）、杜爾（Robert Dole）、葛倫（John Glenn）、邱池（Frank Church）等協助,始成功地將《台灣關係法》作了必要的補強。（Cromston 曾來台訪問,實為加州酒商打出路,邀請者為淡大美研所）

台北與華府關係一夕巨變,當時台北駐美人員感觸最深,此因卡特政府為報復在國會備受指責,在極大壓力下,接受國會意見收下修正本之關係。一方面是報復,一方面是討好北京,乃對台北駐美機構及人員作了甚多不公不義之舉。如清末即在華盛頓

特區西北麻省大道（Mass Ave NW）上之大使館，必須立即遷出此號稱華府使館大街。不特此也，還必須立即遷出華府之外。不得已之下，乃將大使館以「北美事務協調委員會」之怪異名稱辦公室，遷至馬里蘭州，距華府不遠之小鎮，曾為萬豪酒店（Marriott Hotel）之處落戶，筆者曾造訪該臨時辦公室，不勝傷感。

「台灣關係法」有一特點，即是文字間多有不清楚之處。是為美化「模糊」文字的極致，筆者對此一現象至為重視，亟思找出國會中是何人有此拍板定案之高位，能將不清楚文字美化，而成為關係法中之定海神針。經過仔細扒梳後，找到來自加州之參議員早川雪（Sam Ichiya Hayakawa），方知就是他以語言學者身分的評語解釋了一切迷惘，他在一次參院聽證會上認為「模糊」之重要性，在於它顯示出「文字之美是因為從不同角度來欣賞它」。語意大家之言，就是結論。

對於中華民國而言，卡特總統因為在1978年至1979年這兩年間，不但在道義上重重地甩了台北，在作法上更是無情與粗魯，似此之國際事例並不多見。台北人對他有著不同的看法，是無奈也是心痛。美中台三方關係有如豎琴上的一根弦，它有時因震盪而發聲，有時則因發聲而震盪。（按：卡特已於2024年12月29

日在位於喬治亞州普萊恩斯家中逝世，享嵩壽 100 歲。卡特任內實現了美中正式建立外交關係，並和中華民國斷交，廢除《中美共同防禦條約》由《臺灣關係法》替代，被視為其總統生涯中最重要的歷史事蹟之一）

「八一七公報」與「六項保證」

當中美開始在「建交」問題上各持己見時，雙方各讓一步，其中第一項撤館（台北與華府再無外交關係），其二美軍撤出台灣，其三軍售難題。這三項問題經過雙方努力最後有了結論。那就是撤館及撤軍成立，單單第三個問題有待他日再議，於是雙方之「建交」討論正式告一段落，祇是軍售問題當時未曾說清楚，到了現在除了雙方爭吵外，仍然說不清楚，日後也不會說清楚。

1978 年底雙方的「Agree to disagree」策略不但未平息軍售辯論，反倒引致了一個新公報之誕生，這就是「八一七公報」及因此公報而問世之「六項保證」。在北京政府反對聲中，華府在雷根領導下迫於無奈乃自行發表了「八一七公報」，以緩和北京排山倒海而來之壓力，最後就以此公報為準。（公報以軍售為主體，文字多配合北京之意）。台北因此陷入低潮，在「中國說客」（China Lobby）壓力下，又暗中給予台北「六項保證」。

今日翻看六項保證才發現此一文書出台後，八一七公報之主旨就沒有了。根據這六項保證，美得自行決定何者為防衛性武器，何者為攻擊性武器。如此一來，這「八一七公報」也就有名無實了，今日華府言必稱「三公報及一法」及「六項保證」，在拜登總統時期才真正實施之說法，證明「六項保證」事實已取代「八一七公報」。在拜登之前，美方習慣稱「三公報」或是加上「一法」，如今的美式官方聲明是這樣的：「三公報及六項保證」，這是因為如此就可加強「六項保證」之適法性，美方可利用此段所言而自行確定那些武器可賣予台灣。

為了不予北京發起反對聲浪，雷根之六項保證密件經過一段相當長之時日才得以重見天日。2016年5月美政府經過參議院認可了「六項保證」之內涵，整個文件直至2020年8月30日才予正式公開，川普政府隨即正式宣佈中美間關係由三公報（「上海公報」、「建交公報」、「八一七公報」）及「六項保證」組成。

觀此始知，「六項保證」係由首任川普政府臨下台前所宣布，用意深刻，顯出其抗中之決心。這是因為「六項保證」對台有利，美政府官員在論及中美關係上加了「六項保證」一詞，自此「保證」遂與「公報」同框。

假如此二詞重要性相同，那又何須將「保證」特別標出示眾，假如「公報」優先，則無須提及「保證」。是以「保證」含有新的涵義與解釋。那就是，「保證」將隨著時日更替，漸為大眾接受，最後必然公開地取代「公報」。在這一問題上，時間代表了一個重要因素，因為「保證」內容與「公報」有別。「保證」一出江湖，就為美台雙方接收。時日一到，美政府將僅提及兩公報及「六項保證」。「八一七公報」一詞只有到檔案室才看得到了。

　　另外一個令北京傷腦筋之事就是，美國單方面決定何種武器為防衛性者，不用北京來操心。這就是日後美國框製兩岸三地關係之藍圖。北京之反應及忍耐力待考驗，在此一美製框架中，北京方面發言權愈加窄小。此「保證」之要點如下：

＊ 無終止美售台武器之日期。
＊ 北京無權過問售台武器之內涵。
＊ 不修正 TRA。
＊ 不逼台灣與中國談判。
＊ 不改變對台主權之立場。
＊ 不擔任兩岸之中間人。

「六項保證」帶來了兩岸三地關係的衝激,這與川普當年擬訂之全面抗中政策有關。川普首任總統期間,集反中、抗中、衰中與恨中於一身,改寫兩岸三地之關係。他連根拔起自1979卡特承認中國之對華政策,改植以「恨」為基礎之國策,搖動了東亞安全之框架,世事亦將動盪不安。

川普2017坐上大位後,即宣示其對華政策基於三個支柱,曰:合作、競爭與對立。綜觀其在首任總統期間,所謂合作,盡為口號,並無任何實質表現。例如在2021年12月13日Taipei Times一篇（Climate Diplomacy Brings US and China Together）認為雙方可以精誠合作,事實是「非」也。雙方有口無實,美國旨在遏止中國上升,不能與中國有任何重大實質合作,這是事實,一個冷酷的事實。

整體看來「六項保證」對台較有利。而今日華府的作法就是留下「保證」,棄絕「八一七公報」,作了如是結論後,AIT就曾在2020年8月31日強調「保證」是美對台灣與中國大陸的根本要素。這一句話就否定了「公報」存在的價值。下面一句話更重要,那就是對台軍售的性能和數量「將取決於中共帶來的威脅」。換句話說,美國是否可直接售台武器,是華府說了算。唯

有華府才有對「保證」文字意義的解釋權，所以今後談到兩岸三地關係就是「一法一證二公報」所構成之平台，「八一七公報」失踪了。雖然當前美官方仍將雙邊關係建築在「一法、三公報、一保證」上，此處加了「六項保證」就等於宣布「保證」代替了「八一七公報」。這「一證」就是矛盾全身的「六項保證」。華府在提及此一敏感法條之排序很有技巧，而以官式稱「一法六保證加三公報」，在此就提高了「六保證」之地位。

台美中三邊關係走至2025年，已到了一個革命性的轉捩點。那就是行之49年的中美關係瞬間變成「類冷戰」的對抗型態。改變之特點有三，其一戰略模糊轉為戰略清晰，其二「六項保證」代替了「八一七公報」，其三「台灣關係法」解釋權唯美專用，川普首任總統那四年，對華政策可以說是一步步地走入險境，今天則到達「類冷戰」（Quasi Cold War）時代。美台關係也出現「類外交」（Quasi Diplomacy）的情況，一個新的時代已來到眼前。

第三節　白皮書與雅爾達密約：打擊國府之重拳

當辛亥革命（1912 年）成功後，美國仍拿不定主意是否應即承認南京政府。直到 1913 年 5 月 2 日威爾遜總統（Woodrow Wilson）才正式承認時在北京之袁世凱政府。這遲來的承認是否就是往後中美外交關係上處處荊棘的預兆？

事實上，美國在 1912 年確實陷入自我矛盾之中，一方面擬承認這一方始脫離帝制的新中國，一方面又覺得中美兩國距離遙遠，並非美國外交上的主要關係大國。所以承認這一「還不能履行政府功能」的南京政府，自然就變得不緊要了，那麼到底什麼樣子的政府才是緊要呢？

在「國家利益」（National Interest）影響下的西方政治人物衡量某一「政府是否緊要，純視其是否對本國有所幫助。」這完全站在國家利益出發，當美官員討論是否應該承認這一新生的亞洲國家時，完全以「承認」能為美國帶來什麼利益為依據。曾擔任駐瀋陽總領事的司載德（Willard Straight）即肯定地認為，承認以袁世凱為首的政府可以用國際銀行的錢來「改造」中國（Nation

Building），故為了美國之利益，威爾遜總統終於承認了北京政府（美國直至 1933 年才承認蘇聯共產政權，而蘇聯政權在 1917 即推翻沙皇成立共產政府）。到了 1979 年，美國又因為同樣的理由撤消了對中華民國之外交承認，同樣也是為了美國之利益。國與國之間「信念蕩然」（Creedal Passivity）。

中美於 1913 年建交，雙方來往不多，關係就如那清茶一般，淡而無味。這是由於美國是時仍採取中立主義，對於日本、俄羅斯在東北尋事是不曾理會的。因為與日有著厚實的生意來往，就在九一八事變後也未曾對日本有一絲責備。1932 年國務卿史汀生（Henry Stimson）發表了著名之「史汀生不承認主義」，旨在否定日人侵華掠取行為，並無嚴厲之詞句。（註：事實是美在歐戰時仍公然與其有貿易）這一綏靖被動之主張就是美國對華政策之基礎。從此時貫穿到二戰爆發，美國未修正此一中立觀念。

然而最令國人憤慨的是，美方執意認為國府在內戰之失敗純係自己所造成。白皮書就是美國正式以宣言方式告知世人，中國內戰國府是失敗之源頭。這對國人是一記悶棍，白皮書留下一頁最受爭議之書面公文，責罵打輸了的國府當局，是對國府一大污辱。

責難戰時中國

　　1949 年 8 月 5 日，國務院出刊「白皮書」（The China White Paper，白皮書原文為「US Relations with China, with Special Reference to the Period 1944-49」），最具殺傷力，華府完全以「放棄」盟友為目的，國府受重傷。本書厚達 1054 頁，是一本矛盾重重的重磅級政治性「文宣」。書中重點即在「誰弄丟了大陸」（Who Lost China）？

　　就「白皮書」刊行宗旨而言，卻也簡單不過，就是昭告世人華府再也不會插手中國內戰了，也就是說全然「放棄」與我之盟友關係。要不是 1950 年 5 月 26 日韓戰爆發，華府與中華民國簽訂「1954 年中美協防條約」，則世事難料，中華民國是否仍能存在？不過，有一句話卻是不爭之事實，那就是國務院出版「白皮書」是重擊中華民國的一記狠拳。二次大戰後，最引人爭論的亞洲國際問題就是大陸的失陷於中共之手。雖然國民政府在 1945 至 1949 年這段時間犯了不少錯誤，而引致中共佔據大陸，這卻不是唯一的原因，另外尚有其他因素釀成。

　　西諺云：「有爭論必有不同之說詞」。每當翻閱有關 1949 年國共爭戰，美國之政策搖擺不定時，均感此說之不謬。儘管國

人可以輕易地責備美國對華政策是失去大陸的原因之一，然而不少國際人士也會很自然地認為政府當時之腐敗、貪污、無能，才是失去大陸的真正原因（deeper seated issues）。

事實上，另有一項必須提的是美國戰後所持之政治偏見（Political Parochialism）。美在衡量歐洲及亞洲孰重時，總是挑選了歐洲，這一事實就說明了美國傳統上之重歐輕亞政策。美認為不值得為了中國而陷自己於另一次武裝戰爭。一直到韓戰爆發後，美政府才改變了對華政策。

某些歷史學家則認為，美政府已竭盡全力援助國民政府，不論是軍援或經援，美方均已盡力而為，大陸之變色乃因國民黨的腐化、無能，未能為廣大群眾謀求福利之故。是以大陸之為共產黨控制非美政策不逮，根本起因（root cause）乃係國民政府失落人心所致。這種單方面的指責是不公平的，然而卻可以客觀地說，美國對二十世紀中國悲劇之形成多少是有所相關的。

抗日戰爭後至韓戰爆發這一段期間，對華影響最大的兩位美政府外交政策制訂人為馬歇爾將軍（George Catlett Marshall）及國務卿艾契遜（Dean G. Acheson）。要了解「白皮書」，就要先了解這二人。

甚多現代中國史專家認為，馬歇爾之使華及其擬訂之對華政策，不可避免地，或多或少影響到中共在 1949 年的勝利。魏德邁將軍（Albert C. Wedemeyer）認為，馬歇爾將軍沒有時間，也沒有機會來研究共產主義的理論，而就深信老友史迪威（Joseph W. Stilwell）的報告指稱蔣委員長應負中國所有問題的責任（flash point）。

1947 年元月，當馬歇爾將軍離華返美之際，駐華大使司徒雷登（John Leighton Stuart）向其提出美國對華政策不外乎下列三項原則：其一是向國民政府提供足夠軍事援助，以期有效地擊敗中共；其二是採取聽其自然，對國民政府僅給與有限度的支援；其三是完全退出大陸，不再對國民政府作任何支持，也就是袖手政策（Hands Off）。從歷史上的發展，可看出美國採取了第二項方策，不過也有一些第三策的味道。

美國政府之所以如此，不外下列因素：二次大戰後美國人極端厭戰，再加上與蘇聯交惡，迫使美政府執行杜魯門主義（Truman Doctrine）及馬歇爾計畫（The Marshall Plan），走向冷戰之途。

除了美國民間反對華府介入國共爭鬥外，國務院內有些中國

專家也不是十分瞭解中共本質。這種錯誤，係由於對中共的最終目的及國際共黨擴張能力的缺乏認識。是時任職於國務院中者如戴維斯（John P. Davies）等人。甚至「不以為中國共產黨即是共產黨。」

從1945年對日戰爭勝利到1947年元月馬歇爾調停國共失敗返回美國為止，美國可以說是積極地希望在中國組成聯合政府。而對促成此事最熱衷者，莫過於當時在國務院中工作的一些中國通了。這些人之中，以謝偉志（John Stewart Service）及戴維思特別令人注目。他們都會中文，戴氏並曾一度出任史迪威將軍的政治顧問。

他們對中共的說辭多深信不疑，並且深信中國共產黨是農村改革者，美國應該對其友善，而指國民政府反對共產黨是不應該的。他們這些言論在二次世界大戰末期就開始提倡，直到1949年「白皮書」的發表才算開花結果，達到了對國府不友善的目的。這是不是就是「政治偏見」!?

另外一個打擊中美合作的是馬歇爾使華，馬氏來華的目的在聚集國共兩黨於聯合政府之內，結果失敗了，國共內戰不但未停止，反倒在1946年變得更大規模，馬歇爾只好在1947年元月返

回華府，之後他仍就任國務卿一職。在他出任國務卿的兩年中（1947-1948），中美兩國政府的關係日形疏遠，國民政府在外交上不但很難得到物質上的軍經援助，就連道義上也缺少足夠的支柱。

「白皮書」的推手們

另外要提的是新任國務卿艾契遜，他是一個極端聰慧、溫和的自由派知識分子，有效地掌握國務院外交政策擬訂的方向。原則上，艾氏遵循馬歇爾的重歐輕亞政策，也重視馬氏的對華政策，艾氏於1949年初為杜魯門總統（Harry S. Truman）任命為國務卿後，即認為中共終必佔有大陸，只是時間早晚而已。簡言之，艾契遜及他的主要助手們，對援助國民政府一事，並不熱衷，而只是在「爭取時間而已」（buy time and make space）。

他們未對國民政府採取積極支援，事實上等於是放棄了美國對中國大陸的影響力。事實證明，從1945年到1950年韓戰爆發的這一段時間，美國政府根本缺少一個明顯及決斷的中國政策，每次面臨抉擇時，都是選擇了在短期能勉強應付的近程對策，沒有一個全面性、長期性的計劃。這種不合需要的政策最後留下了一些無法克服的後遺症。當時在國務院影響力僅次於艾氏的，是

他的好友傑賽普（Philip Caryl Jessup），在其進入國務院前，曾在哥倫比亞大學執教過，傑氏是一位國際知名的國際法專家。他主張用和平方法、加上經過法律途徑來解決一些問題，並反對利用軍事武力作為手段來解決紛爭。

一九四九年對國府而言，是非常不順的一年。這是因為華府對蔣政府之領導有所不滿。國務卿艾契遜曾在1949年初派遣莫成德（Livingston T. Merchant）（其子小莫成德曾應淡大美研所之邀至該所執教三年）至台觀察是否可促成台灣獨立，後來證明此計不可行而放棄。

華府對此類說法仍有懸念，希望能以台灣獨立取代國府。1949年夏末，美情報界認為國府能夠保持台灣之所屬權。然而艾契遜等人則認為台灣終將入中共之手，這就是當年「白皮書」公佈之時代背景。（這一說法在Nancy Tucker大作Taiwan, Hong Kong, and the US！1945-1992，有生動之描寫）。

1949年8月5日公佈之「白皮書」，是出於國務院有關中國問題的專家們。然而也受到肯楠（George Kennan）的影響。他在國務院多次撰寫有關中國問題報告，呈現美國功利主義的精神，也成為影響「白皮書」撰寫之方向。事實是肯楠為馬歇爾之重

要幕僚,故其思維也跟馬歇爾一樣。國務院於 1947 年五月成立「政策設計委員會」,肯氏任主席,其 1948 年之首份報告於二月二十四日印就分發各有關單位。

這份報告有三個要點。其一美不必採行「利他主義」,在東亞問題上應以美國利益為考慮重心。其二,美應對華採取現實主義(Realism)。其三,日菲較中國重要。他在 1948 年 9 月 7 日撰就第二份報告,其一,不必將中國列入戰後五強之一(Five Policemen),過份重視國府,將失去對華政策之彈性;其二,國府將敗;其三,防止中共成為蘇聯之附庸。

這兩份報告就成為「白皮書」中心思想。文中述及中國內戰必由中共得勝,國府之所以失敗悉由蔣政府負責。這份報告是一份文字炸彈,國府受傷嚴重。「白皮書」之出版對國府甚是不利,美國問題專家、文大美研所陳毓鈞教授則乾脆聲稱「白皮書」之發表「等於是宣告國府的死刑」(見陳毓鈞著,《戰爭與和平:解析美對華政策》,頁 76)。

中華民國政府那時是處境困難,今試引一段美軍參謀長魏德邁將軍的話來看。魏氏於 1947 年 9 月 19 日致杜魯門總統的報告中謂:「我們的困難在於我們政府一定要滿足當年在雅爾達密約

（Yalta Accordance）中對友邦所提供的特殊利益，另一困難則是未能有效地支援國民政府。」他同時也相當直率地對國府之腐化作了批判，此一報告上達馬歇爾後卻遭到擱置，並列為機密，不准外洩，而最後的「白皮書」也未曾列入。可見「白皮書」是一本有偏見之文件。

事實上，中國問題一直是國會保守、自由兩派議員在外交政策上爭議的焦點。就這一點，哈佛大學教授費正清（John K. Fairbank）在其著作《美國與中國》一書中持不同的看法，費氏認為共和黨議員利用中國問題作為「攻擊執政黨的火器」，純為兩黨間的鬥爭。事實上，這不僅是黨派之爭，因為民主黨中亦有不少議員同情國府而主持正義。對國府最具傷害力的是1949年二月，艾契遜與傑賽普向杜魯門建議在戰況未好轉前，暫停對國府軍援。一時之間，右派人士譁然。

1949年6月時，國務院遭到一個最難以解決的問題，這就是如何平息國會中支持中華民國議員們的憤怒，同時又不得罪中共。最後國務院自以為找到了答案，答案就是「白皮書」的發表。國務院瞭解到這一文件的發表不會受到國會的聲討與制裁，事實上是國會一直到「白皮書」快發表時才知曉此事。國務院認為，

中共不久就要正式建立其政權,而中華民國政府將不復存在。對國府而言,這就是「厄運循環」（doom loop）。

「白皮書」的發表將製造機會使得美國與中共能有相互交往。艾契遜及其國務院其他高級官員們多相信,設若中華民國政府不再存在,則美國親國民黨政府的勢力亦將失去重心而不再會有任何力量,當然也少了一個攻擊民主黨政府的藉口。總而言之,1949 年初夏,中共未能有效阻止國民黨領導的政府轉進臺灣。而在臺灣的政府仍是繼續而有效地執行一個政府所應作的事。這一事實使得支持國民政府的美國友人們有了一個團結的中心。通過這些友人,蔣中正乃得將其意志表達於美國公眾之前,這些當然都變成了對國務院的壓力。他們被稱為「中國遊說團（China Lobby）」。

當年「白皮書」一經發表,立即引起國際間之重視。事實上,美國在作此決定前一定與英國有所溝通。「白皮書」問世後之 1950 年 1 月 6 日,英國就立即與台北政府斷絕邦交,在中華民國政府已是痛徹心扉之傷口上撒了一大把鹽,並且再宣佈支持北京入聯合國,成為倒向中共的第一張西方骨牌。由此可見「白皮書」之殺傷力,更可看到英美兩國在國際政治上是如何地緊密合作,

也看到了台北在華府及倫敦政治人物們心中是毫無地位的，這就是現實的國際政治世界生態。

雅爾達密約之真相

「雅爾達密約」予戰時中國強力衝激，對中國傷害難以計算。而此約係小羅斯福（Franklin Roosevelt）製作，因此就需要瞭解羅究竟是怎樣的一個人。如是摯友，好朋友會傷害我們嗎？筆者以認識羅斯福為本文主題，看看這位大人物究是怎樣的一個人。

雅爾達會議時，邱吉爾（Lord Winston L. S. Churchill）正在發高燒；而羅斯福也已經病入膏肓（簽約後兩個月即去世）。這兩個病中人，完全是在史大林（Joseph Stalin）的操縱下，簽訂了這份後患無窮、遺臭萬年的協定。這份密約簽字後，羅斯福把它牢牢地鎖在保險櫃裏，甚麼人都不給看，直至他死之前，也沒有去「獲取蔣主席之同意」。

羅斯福總統於1945年4月12日去世，恰好是雅爾達會議後的兩個月。羅斯福去世了，留下的後患卻是一大堆。雅爾達密約絕不僅僅是一個簡單的密約，而是對戰時中國有著無法估計的損害和影響。

羅斯福的偉大人盡皆知，人們將他視為完人。他真的是個如此偉大的歷史人物嗎？翻看近代史國際篇的「雅爾達會議」，就發現羅有著不同的言與行。由他一手編、導、演推出的「雅爾達密約」更隱藏了太多的祕密。而成為近代外交史上一大污點，翻閱有關是次會議的資料，很容易的就發現羅有著不同的面貌。人們尊稱他是自由主義的掌旗手，卻未料到他是一個道道地地的現實主義者。也許一個政治人物就應該有這類變色龍的基因。

　　由於「雅爾達密約」對戰時中國有著強力之衝激，當走在台北市漫長的「羅斯福路」上，我們認為他是我們的摯友，問題是，摯友會傷害我們嗎？政治人物多有不同面相，最普通的小政客也有陽光及黑暗的兩個形象。羅也不例外，也許他有超過兩個面相，答案就在他的言與行中，也在他的出身背景中，更多的在他的性格、習慣中，要看他的真相，需要多看看他的背景資料。不過還是應該先瞭解一下雅爾達會議之真相。

　　雅爾達會議是二戰列強會議中最後、也是最重要的一次國際會議。遠在 1943 年底之開羅會議中，史大林即曾向羅斯福表示，列強應該舉行一次會議，以梳理二戰將結束後之各項重大問題。羅斯福原贊成，後卻又推遲。1944 年史又透過美國駐蘇聯大使哈

里曼（Averell Harriman）向羅表達此意，終獲羅首肯，邀請邱吉爾與史大林參加。

會議召開前須先決定三個項目，即會議時間，地點及討論議題。就時間而言倒是簡單，羅須在 1945 年 1 月 20 日就職連任第四屆總統後始可成行，最後拍板 1945 年 2 月 4 日。至於地址則因史大林堅持於蘇聯境內舉行，其理由是一身體欠佳，二是尚須指揮蘇軍清剿歐洲德軍，逼迫羅斯福來歐與會。討論之重大議題則為戰後德國行政區域劃分，東歐國家如波蘭等國版圖問題，蘇軍進擊日軍問題，以及組建聯合國等世界新秩序問題。

在這四項問題中，最為識者嚴批的是有關蘇聯向日軍宣戰之部分。由於羅斯福特別重視蘇軍參與遠東作戰，及戰後籌建聯合國，以雕塑世界新秩序課題，故不惜背著戰時中華民國政府，將中國東北交給蘇聯管制，又允諾蘇聯扶植外蒙古為其共產國際附庸國，成為近代史上最黑暗及神秘之條約。此約欺騙（rampart distrust）了與美國互稱盟友的中國，實為一大諷刺。也成為當今最為人「抨擊之條約」（assailable point in the entire Yalta Accordance）。

羅斯福之所以如此迫切需要蘇軍加入遠東戰事，是希望早日

結束二戰，以免美軍過度傷亡。羅甘願出賣中國以取悅於史，卻不會對歐洲國家如此，世人亦知這是犧牲中國（二戰時號稱四強或五強之一），來滿足史大林之需索。由於邱吉爾並未參與有關遠東戰事之密會，故邱為刷清罪過，聲言他「play no part（Far Eastern）in our formal discussions at Yalta.」。對於為何此部分密約必須背著世人欺騙中國？時任助理國務卿之艾契遜這樣回答：「是為了保持軍事機密」（reasons of military security）。然而就蘇聯立場而言，是走在勝利大道上。北京學者對此案的看法是：「雅爾達會議後，蘇聯調整其政策，確定了蘇聯在遠東的優勢。」

此密約對中國之傷害已鑄成（The damage, done is done）。蔣委員長一直被蒙在鼓裡，1945年2月11日此約簽成。雅爾達密約有關遠東部分官方名稱如後『蘇俄參加對日本作戰協定』『The Agreement Regarding the Entry of Soviet Union into the War Against Japan』。（原文請參考：雅爾達會議記錄全文，聯合報出版，民國44年）。

羅斯福重日輕華親蘇

第二件大事就是如何儘快結束遠東戰事。因為在太平洋島嶼爭奪戰爭中，美軍死傷眾多。要快速結束戰事，蘇軍需參戰。

1945 年 4 月 13 日魏道明大使奉蔣委員長之命訪問參謀首長聯席會主席李海上將（Adm. William D. Leahy），李告知魏：「羅一心只要蘇聯對日宣戰，這是羅心中第一大事」。李說日軍不是那麼善戰，李的意見與其他陸軍將領看法相左。

第三個觀察就是誤解中國戰場概況，不瞭解外蒙及東北與中國之歷史性及重要性。於是羅即以此為籌碼與蘇作了交換。羅是一個標準美國東部菁英份子，對遠東毫無興趣，將中國看得很低。日本於 1937 年製造「盧溝橋事件」，掀起中日戰爭，羅斯福政府此時仍販售軍事物資與日本，對日並無敵意，還派國務卿霍爾（Cordell Hull）與日本外相談判，證明羅有重日輕華之心。羅在運作雅爾達會議時甚為親蘇，覺得自己很瞭解蘇聯，其實並非如此，他完全「茫然於史大林狡詐中」。

第四點是羅身體衰弱，深盼在其時日不多之時達到下列二大心願，儘速結束二戰及成立「聯合國」。以其國防工業作為世界霸主之基石。二大理想，照羅之盤算均須史大林合作。從上面這些關鍵即可看出羅在「雅爾達」會議召開前胸中已有定見，那就是與蘇聯緊密合作。

最後要提的是，羅以衰弱身軀於 1945 年 1 月 20 日就職後，

第三天即乘美國海軍昆西號（USS Quincy）巡洋艦自維吉尼亞州新港（New Port, Virginia）出發，經13天直航馬爾他（Malta），再轉搭軍機赴雅爾達。1月30日他在船上過了生日，女兒安娜（Anna Roosevelt Boettiger）做了五個蛋糕來慶賀其父63歲華誕，這五個蛋糕代表羅斯福不但會做滿四任，還會連選連勝第五任總統。抵達雅爾達，即入住昔日沙皇麗瓦蒂雅夏宮（Livadia Palace）。

如此病痛身體能在會中撐下去嗎？事實是他是真的病了，病得很重。1944年秋季，他的主治醫生，海軍軍醫院貝瑞因醫師（Dr. Howard G. Breen）即向家屬表示醫生們無能為力了，因為羅的重病太多了。除了1921年就公開宣佈的小兒麻痺外，之後陸續得了下述疾病：廔管、支氣管炎、高血壓、心臟擴大、左心室運作不良、胃病、失眠、頭痛等。長女安娜即稱其父於1945年就職後，身體很明顯地一天天衰弱下去。他的血壓曾一度高到186-260，這種身體何堪長途旅行。

由於身體虛弱，羅斯福在就職典禮上之演說僅573字，他的聲音微弱，人們不易聽清楚他在講什麼，足證其身體已到最後時日了，羅於1945年4月初遠赴喬治亞州溫泉（Warm Spring

Georgia），參加一項與籌建聯合國有關之會議，至 4 月 12 日即中風而亡。得年 63 歲，是一個「政治巨人」（a Colossus of Politics）。

羅斯福曾在 1944 年國情咨文（the State of Union）中這樣說：「過往在國際上缺少心靈之結合（meeting of mind），所以就『得不到真和平』（The result was a peace was not a peace）」。意指他未來將與世界各國營建聯合國，可見他對此事相當重視。

致命的錯誤

羅斯福在會議期間犯了一些致命錯誤：無知、自信與幻想。羅在雅爾達會議之表現完全「背離美國道德外交原則」（departure from US moralistic base）。羅在會議中所犯之重大錯誤大略有下面幾項，首項大錯是羅未真正地認識蘇共，例如他忽略了蘇聯情報頭子貝利亞（Beria）與會將造成之傷害，貝在英美團隊到達之前，已然在所有地區置有竊聽器，他每日將剪接一小時半之錄音翻譯後呈予史，並印製成冊給其他蘇團隊人員，結果如何不言而喻，令旁觀者木然（Zonked）。

第二個大錯是將會議分為二部分。邱曾對羅有怨言，認為羅

對波蘭一事處理上相當「血腥」（bloody thing）。由於邱未被羅邀請參加有關遠東戰爭之會議，心中不爽。最後還被迫簽同意書，遂在其回憶錄中記載「美國已引起許多糾紛，責任在美，對英國而言，這些問題既次要又遙遠」。邱吉爾在第二部分會議中缺席，三國會議少一角，能算是成功會議嗎？然而邱在最後一日仍被迫簽字。其實會議尚未開始，就看出羅排邱之意，因為邱曾要求羅先來場會前會，遭羅拒絕，這就顯出羅並未對邱誠實，而是利用邱完成與史之密約簽訂。羅在雅爾達會議中表現不佳，英國外相艾登（Anthony Eden）直言：「沒有必要付這麼高的代價（意指犧牲中國），以取悅蘇聯」（no need to pay so high price to Stalin）。是一場標準的「權力政治」（Realpolitik）。

　　第三個錯誤是美代表團中以馬歇爾之陸軍部人員及以艾契遜為首之國務院人員為主，均對蘇共有好感，多少影響了羅之親蘇政策。第四個大錯是欺騙戰時中國之不當手段，密約簽於1945年2月11日，不久駐華大使赫爾利聞及此事，急於2月返回華府赴國務院詢問詳情，卻遭否認有此密約；赫乃赴白宮晉見總統，但羅也一口否認。赫雖有滿腹諫言，但見羅面如枯槁，油盡燈枯，已行將就木（a very lose bag of bones, skin on the face seemed to be pasted down on his cheek bones），不忍再與爭執便轉身離開；

3月時再往見羅,羅才承認確有此約。華府直到6月14日才正式任命駐華大使赫爾利(Patrick Hurley),蔣之參謀長魏德邁將軍(Gen. Albert C. Wedemeyer)與時任美國駐華公使羅伯遜(Walter Robertson)等人正式晉見蔣委員長報告;委員長聽完只說:「我感到非常失望。」

最嚴重的是羅斯福完全違背了他一手製作之「大西洋憲章」(Atlantic Charter),精神。此約於1941年8月14日簽於加拿大紐芬蘭貝麗心灣(Placentia Bay, Newfoundland),英美領袖此次所簽之協約有八個要點,均為保障各國自由、民主、主權所設,並成為1942年元旦「聯合國宣言」(United Nations Declaration)之一部分。其中第二條(Article II)這樣寫著「任何主權更迭,均須得到當事國之同意」(territorial changes only in accordance with the wishing of the inhabitants)。再明顯不過的是,雅爾達密約背棄羅、邱二人信誓旦旦簽訂之「大西洋憲章」,對此二人是諷刺,對弱國卻是災難。更證明羅身上留的全是「政治性」(Realpolitic)的血。

羅斯福在1945年1月20日就職演說這樣宣稱,「在未來的歲月裡,我們將為一個公正的、光榮而持久的和平而努力」。然

而這只是一篇動人的文告。事實上，他所一手編寫的「雅爾達協約」並未為這世界帶來和平，他對史大林之容忍，導致共產國際席捲了半個地球。識者多認為美國在與蘇聯打交道時，多會以「拙笨之綏靖主義」（foolish appeasement）來因應。由之而起之冷戰更僵持了半個世紀，從他的這篇動人演說中我們看到的羅斯福與製造「雅爾達」密約居然是同一個人，多麼諷刺的現實。也是羅一手精心所編排之事實（choreograph tactics）。（「FDR had Granted Stalin a Sphere of Influence in Northern China」，Kissinger，Diplomacy，Simon Schuster，1994，p.416.）Kissinger 這一句話適合作本文「篇末終結語」。

反對密約：赫爾利大使微弱的呼聲

（按：適逢美國與中華民國斷交 46 年（1979-2025），回憶當年國府在二戰期間，嚐盡千辛萬苦，不禁讓人懷念起當時的駐華大使派屈克・赫爾利（Patrick Hurley）。這位中國摯友竭盡所能敦促華府採取友華政策，惜終未能成功。赫爾利在使華期間，贏得了「戰時中國之摯友」雅號，中國人會永遠記得他，也會永遠懷念他。）

戰時國府在中美關係進行得非常吃力，時任國務卿的馬歇爾

對國府有極深之成見，美國從事中美事務之職業外交官對蔣介石也沒有好評，再加上美方駐華史迪威等人與蔣關係不佳，使得國府在對美關係上始終不順。就在此一艱困時刻，小羅斯福總統任命赫爾利將軍為駐華大使。

赫爾利最早是民主黨，後轉至共和黨，初受胡佛總統選中而走向公職。由於他的外交長才令人印象深刻，曾多次擔任駐外工作，例如駐紐西蘭大使、駐遠東戰區代表，負責後勤支援工作，也曾訪問過蘇聯東部戰區。1930年後經胡佛總統賞識出任陸軍部副部長，後升為部長。羅斯福繼任大位後，擔任羅氏私人代表，密集訪問全球20餘國，他在這一連串環球訪問中學取了寶貴之人際關係及經驗。此後經常代表羅斯福前往某些國家折衷談判各類國際困難事項，養成既老練、更有經驗之談判高手。並曾多次前往他國，代表羅斯福完成溝通及談判。他的任務有如無任所大使。

由於赫爾利為人親和，對不同意見也極為尊重，這就是羅斯福任命他為「問題解決者」之因，也因他在多年外交事務上有著輝煌之成績，當中國在戰後陷入內亂時，赫爾利擔任駐華大使，負責處理中美關係，證明羅斯福的知人善任。魏德邁將軍（Gen. Albert Coady Wedemeyer）也曾誇獎赫爾利：「完人之形象」（the image of the finest man）。

1943 年赫爾利初來中國，他的中國行只是當時的一次「附帶訪問」，誰知一年半後就出任駐華大使。然而處在中國惡水漩渦中之赫爾利在就職年餘即辭職。戰時中國知心友人赫爾利的誠懇，對中國人之友善，凡與他曾交往過之國府高層永遠珍惜之。

經過一連串外交之旅後，赫爾利在是年 11 月 7 日飛抵重慶。此後，他與中國高層迅即發展出互信、互尊之關係。他人生旅途上之中國經驗可謂五味雜陳，他的善良誠信本質不容於不平衡且極可議的中美關係中。在其面對險惡的華府政治及變幻莫測的延安動作外，他的一切努力，終未能竟其志。既或如此，赫大使仍贏得華人至高的愛戴及懷念。

與赫爾利大使完全不同風格的史迪威（Joseph Stilwell），著實徹底的毀掉了重慶與華府之誠信及合作，雖然「史迪威事件」最終結束，然而史氏在戰時危害中國之行為，令重慶政府之元氣有所損傷，多少對中方有負面影響。

史迪威於 1942 年奉命來華擔任委員長之參謀長，兼中印緬美軍司令及美租借法案之主持人。可謂大權在握，行為更是狂妄。後並得到「緬甸戰區中國抗日遠征軍」之指揮權，然而他領軍無方，導致日軍於是年 4 月進取緬甸，史迪威自行逃離戰場，令 10 萬遠

征軍敗下陣來。他則上電華府，稱此次大敗，係華方干擾指揮所至，因此蔣史之關係已到無可彌補之地步。蔣乃乘副總統華來士訪華之便，要美方撤換史迪威。不過這確是樁不可能辦到之事。

由於蔣史之工作關係太壞，羅斯福再派赫爾利前來重慶。1944年8月赫抵重慶，他的使命是撮合蔣、史兩人，同時要史迪威取得中國戰場之指揮權。他在抵達重慶前，先往莫斯科見到美駐蘇大使哈里曼及蘇外長莫洛托夫。莫矢口否認中國共產黨與蘇有關係，並聲稱樂見美國幫助中國統一，當然後來的事實完全不是這樣的。

完成莫斯科之行後，赫爾利來華晉見蔣委員長，雙方言談和諧，互相留下美好印象。赫之君子謙謙言談深得委員長讚許。赫返美後即向羅斯福報告，認為蔣是美國之真正朋友，美應予資助。然而對調解蔣、史關係，赫是交了白卷。至於史迪威因未能取代蔣之領導權，當然以更嚴苛無禮之言辭詆毀委員長。羅斯福聽信讒言，再一次要蔣讓出領導權予史。蔣在高壓之下，曾一度應允將指導權轉於史，然而由於史之無禮態度，公然挑戰蔣之尊嚴及地位，只好下定決心，請羅撤回史之在華任命。（詳見拙著蔣中正先生與中美關係，黎明，民81年，頁12-22）。

魏德邁將軍來華後認識到此一危機，乃儘量大力支援國軍。他的坦誠、熱情使得蔣、魏兩人開誠佈公，相互合作也相互尊敬，雙方也建立了深厚之友誼。魏德邁將軍可稱得與赫爾利將軍同為戰時中國之友。就在同一時間，小羅斯福認為在當時中國戰區之中美關係極需加強，乃請赫爾利到任駐華大使。

1944年底，赫爾利被羅斯福任命為駐華大使，掀開了一頁雖時間短卻難度高之工作。赫爾利在此後的一年中，盡心盡力維護中美關係，公正不阿的處理國共關係，然而大環境卻是負面的。如前所說，在親共分子橫行的國務院，赫大使是孤立無援的。而延安之態度變化多端，使得國共和談僅備形式，而無實質，終致河山變色，中華民國政府1949年播遷台北。

1945年11月27日赫爾利正式辭去駐華大使之職，雖然他已不再能為中國作更多貢獻，然而對中國人而言，他才是人們之摯友。二戰時，美對華事務有關人士多矣，然而如馬歇爾、史迪威、高思等人不但對中美關係無所貢獻，反而只有負面作為，如赫爾利、陳納德、魏德邁等正人君子，才是中國人永恆尊敬懷念的摯友，他們在惡水漩渦中，力圖給予中國尊嚴的努力將永誌華人心中。

第四節 川普與台海局勢

2016 年,蔡英文在川普贏得總統大選後致電向他表示祝賀。川普接聽了電話,成為數十年來第一位與中華民國總統通話的美國總統或候任總統。2024 年 11 月,在川普贏得入主白宮的第二任期後,台灣迅速否認了有關賴清德總統尋求與川普進行類似通話的報導。

兩相對比非常明顯。隨著川普重返白宮,台灣顯然準備與他建立更為微妙、可能也更為緊張的關係。在競選期間,川普曾暗示台灣應該向美國支付保護費,並抱怨台灣竊取了美國的半導體業務。川普對台灣軍費開支和半導體行業的抱怨,加大了台灣購買更多美國武器,以及增加在美國投資建設晶片廠的壓力。(按:台積電董事長魏哲家 2025 年 3 月 4 日和川普總統於白宮會面,宣布將加碼 1000 億美元投資,包括興建 3 座新晶圓廠、2 座先進封裝廠和研發中心)。

如果川普兌現承諾,大幅提高進口到美國的商品關稅,台灣的貿易也可能會受到衝擊。台灣企業界擔心,川普可能會忽視台灣的擔憂,因為他專注於跟中國國家主席習近平之間時而強硬好

鬥、時而和平的關係。

儘管台灣與華盛頓沒有正式的外交關係，但它依靠美國的支持來對抗中國日益增長的實力和軍事壓力。在川普總統的第一任期和拜登總統的任期內，美台夥伴關係不斷加深，而美國與中國的競爭則加劇。如今，台灣已增加了軍費開支，部分原因是受到華盛頓的壓力。今年的預算提案將使台灣的國防支出增加到經濟總產出的 2.6% 左右。但川普表示，台灣的軍費開支應增加到其 GDP 的 10%。問題是有此可能嗎？

對於美國能否在萬一中國入侵台灣時提供援助，川普表示過懷疑。他在接受《華盛頓郵報》採訪時說「台灣的情況很棘手；別忘了，台灣離美國有 9000 英里遠。」哈德遜研究所高級研究員、曾擔任川普政府國務卿邁克•龐皮歐（Mike Pompeo）中國政策顧問的余茂春說，這樣的表述無疑就是在說，「聽著，你必須增加國防預算…要購買更多的美國武器」。

回歸「戰略模糊」定位

更令人不放心的則是，川普去年底在美國全國廣播公司（NBC）的訪問中說，他不會講明（I never say）美國在中國入侵

台灣時,是否會出兵幫助防禦,而是要強調他跟習近平主席關係良好,希望他不要發動戰爭。

此言複述了川普先前多次的言論,即不預先承諾是否會出動美軍保衛台海和平。這樣的說法回歸美國歷年來對台海問題抱持的「戰略模糊」定位,不像甫下台的前總統拜登曾至少四次明確表示,美國會在中國侵犯台灣時出兵。這意味著川普重返白宮後的台美關係,已進入一個全新的階段。

事實上,早在 2020 年二月美國 Foreign Affairs 期刊就曾發文指稱,如台海戰事真的發生,美將不會直接參與;台灣為主戰場,也僅是兩岸間的戰爭。觀諸當前美國未直接參與俄烏戰爭,就可知美國不會掀起世界大戰,但是卻熱衷於「代理人戰爭」。

學者奈伊(Joseph Nye)在 2021 年 11 月 30 日之紐約時報登載一文,倡言美應以領袖身份治理美式世界秩序。政論家 Bret Stephens 在 2021 年 10 月 27 日亦在紐時指明拜登不瞭解狀況,未能訂出有效之對華戰略方策,因為他已將美國政府製造了一個自身「困境」(visibly crumbling)。

前國務卿布林肯(Antony John Blinken)更直指中國在國際社會中製造紊亂,是以,反中政策是長期不變的。眾多華府高官也認

同，例如前商業部長雷蒙多就痛批大陸盡是「唬人的空言」（bluser and rhetoric），這是她在 2021 年 7 月 10 日於 CNBC 的一番話。

中美自 1979 年元月正式建交 40 多年的關係迄今遇到最大挑戰，因為雙方關係已掉到谷底。拜登在過去四年更是加足馬力向中國挑戰。拜登打擊中國的一招就是「打群架」，他呼朋引類，團聚圍擊，在國際間以言詞困擾大陸，在動作上或暗或明傷害中國，成立了一個個的小團體，以求得最大功效，發揮「戰略擴張」之效力。如號召與國，拒派官方人員出席北京冬奧，就是一個鮮明的例子。

另外一個是成立美英澳 AUKUS 集團，均為 WASP（White Anglo-Saxon Protestents）聚合體。布林肯在 2022 年二月初遠赴斐濟與 18 位南太平島國領袖相聚，以示聲援。另外與澳、日、印再成立「印太戰略」之四方會談（QUAD）。

拜登以為可就此孤立中國，然而也因此逼使中俄走得更近。自此地球上出現兩大勢力範圍，其一為美與歐盟等國，其二為中俄為首之另一集團。事實上中俄走得如此近，對美國不是好消息。中俄近交是美國逼出來的，如果此一現象持續下去，則雙方將以鬥爭為主題，世界和平受到威脅。美政府人員早就不斷危言世局。

例如華爾街日報（Wall Street Journal）在 2020 年 12 月 3 日即登載了一篇攻擊中國之文，題目就是「中國是民主之最大威脅」。說這話的就是當年國安局長雷克夫（John Ratcliffe, China：Greatest Threat to Democracy）。

拜登任內採取兩手政策，他忽而要鬥爭，忽而要和平。例如他在 2021 年 9 月 21 日聲稱「美國不尋求冷戰」，這話能相信嗎？經濟學人報（Economist）在 2021 年 9 月 20 日之第 39 頁之標題就是，當前已處於「中美冰凍期」（A Sino-America Ice Age）。

美軍馳援台海的不可預測性

如今川普再度入主白宮，固然仍會延續拜登的反中策略，卻可能因戰術調整，而使得美國馳援台灣更增不可預測性。就現實面來看，美軍要介入台海衝突的難度很高，最重要的挑戰就是地理的限制。

戰略專家認為，就地緣考量，台海衝突主要作戰區域均為洋面。不同於地面作戰可以據地為營、「因糧於敵」長期駐守；海上作戰交戰的任一方都難以掌握絕對制海，不易長期性的「據海自重」。要想成功地防衛台灣，美國海軍兵力應該部署距台灣越

近越好。但是中共可能以潛艦及其他反艦武器反制美國航母戰鬥群，亦可利用在中國陸基飛彈支援作戰，逼使美軍無法接近台海海域，以利中共爭取發動全面進犯台灣的時間。

美軍雖擁重兵，但是中國卻占地利的情況下，倘若如共軍所分析，「一旦採取行動，將認為兩岸關係已經毫無轉圜餘地，唯一途徑就是以武力征服」。縱使美軍可能贏得如蘭德公司報告所認為的幾場戰鬥，但是中共的戰略專家們認為利用非正規戰法，可以削減美軍的戰力。

要保持持續作戰能力，美軍將得冒「航線安全不易維護」與「增加美軍對盟邦的依賴」等因「戰線過長」所導致的風險，這將是美國的罩門。美軍必須依靠極長的後勤補給線支援軍事行動。在共軍必將盡一切手段遏阻的情況下，台灣海峽及環繞中國沿岸的海區是高威脅危險區，暴露此區的後勤補給線將極為脆弱危險。為了保護等同於生命線的海上補給線免遭中共破壞，美軍必須沿著這條跨越西太平洋的重要航線長期部署重兵。這除了增加美軍兵力運用的負擔，更添加美軍遭共軍襲擊的危險。

根據專家的說法，在實際準備方面，中國將發展「打隱形飛機、打巡弋飛彈、打武裝直升機，防偵察監視、防電子干擾、防

精確打擊」的「新三打三防」戰法,以對抗美國等先進國家藉空中武力、電戰及資訊戰優勢,打擊其本土戰略縱深。中共解放軍認為美國一向有用航空母艦插手台灣事務的習慣,因此將「打航母」列入演訓的科目。共軍並利用「現代」級驅逐艦提升其制海作戰能力。

美軍支援台海作戰的海上交通線,不論從歐洲或美國本土,就算是最近的日、韓、菲或關島,也都比中共從中國到台灣的最近的七十五浬距離要長。面臨這種地緣劣勢,美國的因應措施取決於太平洋的盟國反應而定,其中最重要的是日本的態度。

另一方面,美軍如果以台灣為基地,將遭到嚴重的政治與軍事上的問題。對中共而言,任何外國武力部署在台灣,都是中共無法容忍的。只要美國空軍進駐台灣,都可能把一個小危機轉變成全面衝突。因此就政治面看,美軍使用台灣的基地,是一個爆炸性與不切實際的作法。

縱使戰力有所折損,就長期而言,中共深信可採取長期的游擊戰來拖垮侵略者。為了使其武力犯台模式更具攻擊性與多樣化,近年來中共不斷積極開發資訊、不對稱等武器、戰法,主要目的就是配合地利,以不計代價增加美軍人員傷亡為重點,對美

軍部隊以正規與非正規作戰等方式,運用不對稱戰法,實施游擊式襲擾。美國專家白邦瑞即指出,在美國以中共為對手的兵棋推演中,發現美國雖然有全世界最強大的軍備,但是囿於傳統思維,美軍面對無所不用其極的解放軍作戰,卻往往落敗。

雖然中共必然會以美軍部隊為主要的作戰目標,但是中共襲擾攻擊的對象將不會只侷限在台海戰場上的美軍。中共可能採取的行動,在解放軍軍官喬良與王湘穗著作《超限戰》中所強調「在戰爭之外的戰爭中打贏戰爭,在戰場之外的戰場上奪取勝利」的超限作戰思維,特別值得美軍重視。

理論上,戰爭中如果雙方獲勝機會均等,經濟和科技就是決定勝負的關鍵,然而,受到戰場的「外部因素」的牽制,軍事裝備和經濟生產力的絕對優勢未必就能夠轉變為軍事效率。因此,從現實面分析,以及川普二進宮後的態度轉變看來,台海一旦爆發軍事衝突,美國究竟會不會派兵協防台灣,就很清楚了!

國家圖書館出版品預行編目(CIP)資料

川普王朝 亮劍北京／李本京作
 -- 初版 -- 臺北市：黎明文化事業股份有限公司
2025.04　256 面　17×23 公分
ISBN 978-957-16-1048-1

1.CST: 中美關係 2.CST: 國際關係 3.CST: 國際政治

578.522　　　　　　　　　　　　　　114004214

圖書目錄：570160

川普王朝 亮劍北京

作　　　者	李本京
董　事　長	黃國明
發　行　人	
總　經　理	詹國義
總　編　輯	楊中興
執 行 編 輯	吳昭平
美 編 設 計	李京蓉

出　版　者	黎明文化事業股份有限公司
	臺北市重慶南路一段 49 號 3 樓
	電話：（02）2382-0613
發　行　組	新北市中和區中山路二段 482 巷 19 號
	電話：（02）2225-2240
臺 北 門 市	臺北市重慶南路一段 49 號
	電話：（02）2382-1152
	郵政劃撥帳戶：0018061-5 號
公 司 網 址	http://www.limingco.com.tw
總　經　銷	聯合發行股份有限公司
	新北市新店區寶橋路 235 巷 6 弄 6 號 2 樓
	電話：（02）2917-8022
法 律 顧 問	楊俊雄律師
印　刷　者	崇豐印刷股份有限公司
出 版 日 期	2025 年 4 月 初版
	2025 年 5 月 再版
定　　　價	新台幣 320 元

版權所有　•　翻印必究◎如有缺頁、倒裝、破損，請寄回換書
ISBN：978-957-16-1048-1